Leabhar Gaeilge d' Eochairchéim 3

An Chéad Chló: Bealtaine 2005

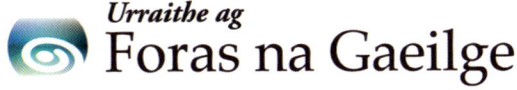

Réamhrá

Tá ábhar an leabhair seo bunaithe ar "Sé Do Bheatha Ar Ais" a cuireadh i gcló i Meán Fómhair 1995. Tá iarracht déanta leagan amach an ábhair a dhéanamh níos tarraingtí agus tá tacaíocht ar fáil do na scoláirí in gach aonad ó thaobh foghlaim foclóra úir de.

Buíochas

Ba mhaith liom buíochas ó chroí a ghabháil leis na daoine seo a leanas a chuidigh liom le linn na hoibre:

- Foras na Gaeilge a cheadaigh deontas don obair agus oifigigh an Fhorais a chuir tacaíocht ar fáil dom.

- Louise Ní Chearra, Scoil Naomh Lughaidh Cill Chaoil, agus Maighreád Uí Chaoilte, Coláiste Mhichíl Inis Ceithleann, a léigh prófaí agus a chuir comhairle orm le linn an tionscnaimh.

- Kathleen Bell (Archives, Irish News) a chuir roinnt grianghrafanna ar fáil dom mar aon le Lára Nic Giolla Eoin, Sorcha Ní Cheallaigh agus Caitríona Nic Bhloscaidh, Coláiste Dhún Liam, Béal Feirste.

- M'fhear céile Denis a bhí i mbun na griangrafadóireachta agus agus mo mhac Marcas a thug an-chuidiú teicniúil dom ó thús deireadh.

- Michael Mc Kernon, Shanway Press Béal Feirste, a rinne an leagan amach agus a chuir cló ar an leabhar.

Nuala Mhic Craith
Bealtaine 2005

Clár an Leabhair

Réamhrá — 2

Aonad 1
Laethanta Saoire / An Ghaeltacht — 5

Aonad 2
Saol an Uile Lae — 35

Aonad 3
Mé Féin agus Daoine Eile — 63

Aonad 4
Siopaí agus Seirbhísí Poiblí — 91

Aonad 5
Saol na Scoile — 121

Aonad 6
An Teach agus an Baile — 149

Aonad 7
Caitheamh Aimsire — 177

AR AIS ARÍS

Eagrán úr leasaithe de
"Sé Do Bheatha - Ar Ais"

An Chéad Chló : Bealtaine 2005

Údar : Nuala Mhic Craith

Gach ceart ar cosnamh. Níl cead aon chuid den fhoilseachán seo a atáirgeadh, a chur i gcomhad athfhála, ná a tharchur ar aon mhodh, na slí, bíodh sin leictreonach, meicniúil, bunaithe ar fhótachóipeáil, ar thaifeadadh nó eile gan cead a fháil roimh ré ón fhoilsitheoir.

1SBN 978-1-901032-10-9

Foilsitheoirí / Publishers: Preas Ultach/Ulster Press

Aonad 1 : Laethanta Saoire / Taisteal / An Ghaeltacht

AT1 : Eisteacht

1. Tá beirt chara ag caint faoin samhradh.
Two friends talk about their summer. Listen to the recording and then put F (Fíor) or B (bréagach) beside each statement. Tá sampla déanta duit.

A. Una spent a month in Spain. ☐ B

B. Her uncle owns a caravan outside Barcelona. ☐

C. They spent a week on the coast. ☐

D. The weather was very poor. ☐

E. Eoin's grandfather was ill. ☐

F. They have a holiday house in Derry. ☐

G. They went away in July. ☐

H. They plan to go to France next year. ☐

2. Your mother phones a hotel to arrange some accommodation. Éist leis an chomhrá agus cuir fáinne thart ar an phictiúr cheart/ roghnaigh an freagra cuí.

A. Beidh siad ag dul i
- Mí Aibreáin
- Mí Bealtaine
- Mí an Mheithimh

B. Beidh siad ag stopadh   7 lá
                           5 lá
                           3 lá

C. Beidh £110, £120, £125   le díol ag na daoine fásta
D. Beidh £25, £45, £50 le díol ag na páistí.

AT1 : Éisteacht

3. Tá do chlann ag imeacht ar laethanta saoire go Gaillimh agus cluineann sibh réamháisnéis na haimsire (you hear the weather forecast). **Éist agus ansin cuir tic leis an phictiúr chuí.**

A. Ar maidin beidh sé

B. Tráthnóna ní bheidh sé

C. Maidin amárach beidh sé fuar agus beidh

   ann.

4. Tá beirt chara ag caint faoina laethanta saoire. Éist leo agus ansin cuir líne faoi 3 ráiteas atá fíor.
Underlne the 3 correct statements below.

A. Chuaigh Séamas go Ciarraí

B. Bhí a chlann ag campáil

C. Bhí an aimsir go maith

D. D'fhan siad mí ann.

E. Tháinig siad abhaile Dé Sathairn.

F. Ba mhaith le Séamas dul ar ais.

AT2 : Labhairt

In this section you will learn how to ask key questions about holidays as well as attempt to answer them. The words/phrases in the box are highlighted for learning.

1. Begin by asking your partner where he/she went on holiday.

Cá háit a ndeachaigh tú ar laethanta saoire i mbliana?

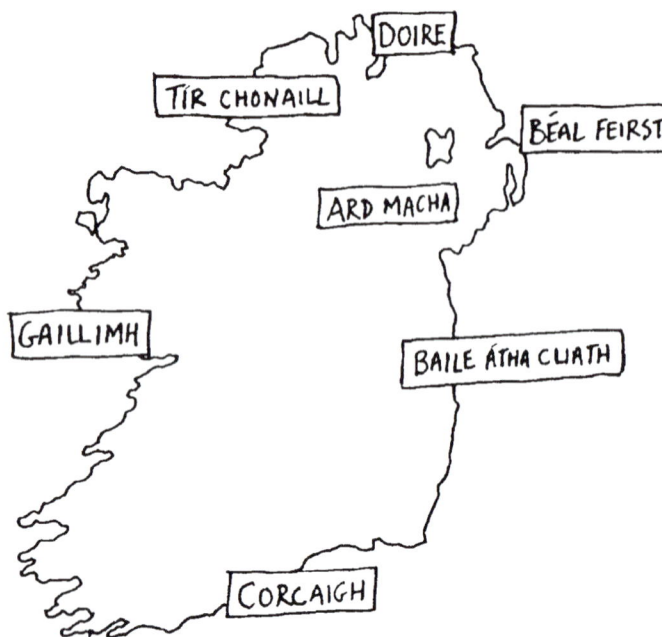

Seo roinnt freagraí samplacha

Chuaigh mise go Corcaigh.

Chuaigh mo chlann go Baile Átha Cliath.

Chuaigh mise agus mo chairde go Gaeltacht Thír Chonaill.

Chuaigh an teaghlach s'agamsa thar lear.

Chuaigh Eibhlín agus a clann chun na Fraince.

* Note how to say that you did not go anywhere on holiday this year
X Ní dheachaigh mé áit ar bith ar laethanta saoire i mbliana.

AT2 : Labhairt

2. Now ask who went with you
Cé a chuaigh leat?

Seo roinnt freagraí samplacha:
Chuaigh mo chlann liom

Chuaigh mo chairde liom

Chuaigh mo dheirfiúr liom

Chuaigh mo dheartháir liom

Chuaigh clann mo charad liom (My friend's family).

AT2 : Labhairt

5. Now ask your partner where he/she was staying.
Cá raibh tú ag stopadh?

Seo roinnt freagraí samplacha:
Bhí mé ag stopadh in óstán (hotel)
Bhí muid ag stopadh in árasán (apartment)
Bhí mé ag stopadh le gaolta (with relations)

Bhí muid ag stopadh le bunadh na háite (local People)

Bhí mé ag stopadh i gcarbhán (Caravan)

Bhí muid ag stopadh i dteach lóistín (B&B)

Bhí mé ag stopadh i bpuball (Tent)

Anois déan na habairtí seo thíos a fhoghlaim

in óstán, in árasán, le gaolta , le bunadh na háite, i gcarbhán, i bpuball, i dteach lóistín .

AT2 : Labhairt

6. Now ask what the weather was like.
Cad é mar a bhí an aimsir?
Seo roinnt abairtí le cuidiú leat !

 Bhí an aimsir ar fheabhas.

 Bhí sé te tirim.

 Bhí an aimsir millteanach.

 Bhí an aimsir go dona ar fad .

 Bhí an aimsir maith go leor .

 Bhí sé fuar fliuch.

Anois déan na habairtí thíos a chleachtadh
agus a fhoghlaim

Bhí an aimsir ar fheabhas	(weather was excellent)
Bhí sé go dona ar fad	(it was really bad)
Bhí sé millteanach	(it was terrible)
Bhí sé maith go leor	(it was alright)
Bhí sé te, tirim	(it was warm & dry)
Bhí sé fuar, fliuch	(it was cold & wet)
Bhí an ghrian ag soilsiú	(the sun was shining)
Bhí sé ag cur báistí	(it was raining)

AT2 : Labhairt

7. Now find out how long your partner stayed.
Cá fhad a d'fhan tú ann?

Seo roinnt freagraí samplacha:

D'fhan mé deireadh seachtaine i nGaillimh.

D'fhan muid seachtain sa Spáinn.

D'fhan mé deich lá i gCiarraí.

D'fhan muid coicís sa Ghaeltacht.

D' fhan mé trí sheachtain sa Fhrainc.

D'fhan mé mí sa Spáinn.

Lúnasa	
Domhnach	1
Luan	2
Máirt	3
Céadaoin	4
Déardaoin	5
Aoine	6
Satharn	7

Meitheamh			
Domhnach	7	14	21
Luan	8	15	22
Máirt	9	16	23
Céadaoin	10	17	24
Déardaoin	11	18	25
Aoine	12	19	26
Satharn	13	20	27

D'fhan muid an samhradh ar fad ann
(We stayed there the whole summer)

Anois déan na habairtí thíos a fhoghlaim

Cúpla lá	(A few days)
Deireadh Seachtaine	(A weekend)
Seachtain	(A week)
Deich Lá	(10 days)
Coicís	(A fortnight)
Cúpla seachtain	(A couple of weeks)
Mí	(A month)
Dhá mhí	(2 months)
An samhradh ar fad	(The whole summer)

AT2 : Labhairt

8. **Anois déan cur síos ar na rudaí a rinne tú ar laethanta saoire. Luaigh ceithre rud. Seo roinnt abairtí le cuidiú leat.** Now describe how you spent your holiday. The phrases below will help.

Chuaigh mé cois farraige.
(I went to the beach)

Shnámh mé san fharraige / sa linn snámha. (I swam)

Chuir mé cártaí poist chuig mo chairde.
(I sent postcards to my friends)

Luigh mé faoin ghrian.
(I sunbathed)

Lá amháin bhí picnic againn i bpáirc. (We had a picnic)

Cheannaigh mé bronntanais do mo chairde.
(I bought presents for my friends)

Anois cuir agus freagair an cheist!

Agus mé sa Ghaeltacht
When I was in the Gaeltacht:

D'Fhoghlaim mé Gaeilge.
(I learned Irish)
Chuaigh mé chuig céilí san oíche.
(I went to céilí)

Bhí ranganna ceoil agus damhsa ann tráthnóna.
(Music and Dancing classes)

Bhain mé duais sna comórtais spóirt.
(I won a prize in the Sports' competitions)

Thug mé cuairt ar Pháirc Náisiúnta Ghleann Bheithe.
(I visited the National Park)

Anois freagair an cheist: Cad é a rinne tú gach lá?

Labhairt

9. Now ask you friend if he/she would like to go back.
Ar mhaith leat dul ar ais?

   Seo roinnt freagraí samplacha;

   Ba mhaith liom dul ar ais mar thaitin sé go mór liom.
   (I really enjoyed it)

   Níor mhaith liom dul ar ais mar bhí sé róchiúin.
   (it was too quiet)

Bhain mé an-sult as	I really enjoyed it
Bhí am ar dóigh agam	I had a great time
Bhí an áit iontach deas	The place was very nice
Bhí an chraic go hiontach	It was great fun
Bhí an aimsir galánta	The weather was lovely
Bhí na daoine cairdiúil	The people were friendly

Níor bhain mé sult as	I didn't enjoy it
Níor thaitin sé liom	I didn't like it
Bhí sé róchallánach	It was too noisy
Bhí an aimsir go dona	The weather was bad
Bhí sé róthe	It was too hot
Ní raibh a dhath ar bith le déanamh ann	There was nothing to do there

Labhairt

10. Obair beirte: Cuir agus freagair na ceisteanna thíos i gcomhar le cara ranga
Complete these roleplays with a partner.

Cárta 1

Ask your partner where he/she went on holidays.

Ask where he/she stayed.

Ask what the weather was like.

Carta 2

Ask your partner when he/she went on holiday.

Ash how long he/she stayed.

Ask if he/she would like to go back.

Carta 3
Your friend asks where you were on holiday.
You say that you were in the Gaeltacht.
Your friend asks what you did when you were there.
You said that you learned Irish.
Your friend asks if you enjoyed it.
You said you really enjoyed it.

Labhairt

11. Obair beirte

Amharc ar na pictiúir thíos agus déan cur síos ar cheann acu. Luaigh na rudaí thíos. Choose one of the illustrations below mentioning the following:

- An áit
- An aimsir
- Cad é tá le feiceáil sa phictiúr

(A)

(B)

AT3 : Léamh

1. Ceangail na fógraí 1-9 leis an léaráid chuí sna samplaí thíos. Tá sampla déanta duit.

1. Iascaireacht 2. Bia agus Leaba   3. Óstán
4. Clár na bhFógraí 5. Ná Caitear Tobac 6. Bosca Bruscair
7. Seomra na Banaltra 8. Bóthar na Farraige 9. Trá

Anois foghlaim na fógraí thuas!

AT3 : Léamh

2. Léigh an cárta poist ó Éamann agus ansin cuir F (fíor) nó B (bréagach) sa bhosca taobh le gach abairt.
Read this postcard and put (F) in the box beside statements that are true and (B) beside those that are not.

22 Iúil 2005

A Chiaráin,
Seo mé sa Fhrainc - tá mé ag stopadh i bpuball- tá an aimsir galánta ach róthe ! Bím ar an trá gach lá ag imirt peile le gasúir ó Bhaile Átha Cliath. Tháinig muid anseo ar an chéad lá Iúil agus beidh mé ar ais in Ard Mhacha 14 Lúnasa.
    Slán go fóill
     Eamann

1. Tá Ciarán ar laethanta saoire sa Fhrainc. ☐

2. Tá Eamann ag stopadh in óstán. ☐

3. Chuaigh Eamann chun na Fraince ar 01/06/05. ☐

4. Níl an aimsir iontach maith. ☐

5. Beidh sé ar ais sa bhaile 14/08/05. ☐

3. Léigh na fógraí seo a leanas agus cuir líne faoi na ráitis atá fíor.

Read these notices and underline the 3 statements that are correct.

Aoine 17 Lúnasa

2.00-2.45 : An post agus Banc do rang 7, 8 agus 9

2.30 : Ranganna 1, 2 agus 3 - Cluichí taobh istigh

2.30 : Ranganna 4, 5 agus 6 - Damhsa sa halla mór

3.00 : Cluiche peile - Teach Sheamais V Teach Hiúdaí

3.30 : Tráth na gCeist: Sa halla beag : Ranganna 4,5 agus 6 amháin

4.00 : Grúpa traidisiúnta : Cleachtadh i seomra an cheoil

---

1. Outdoor games are scheduled for 2.30.

2. The Quiz is to be held in the main hall.

3. The dancing class is on at 2.30.

4. The traditional group will meet for a concert in the music room.

5. Teach Shéamais will be involved in a football match.

6. The mail will be given out at 2.00.

AT3 : Léamh

4. Agus tú ar laethanta saoire ceannaíonn tú nuachtán agus léann tú réamhaisnéis na haimsire. Léigh é agus ansin líon isteach na bearnaí/freagair na ceisteanna thíos.
Read this short weather forecast and then answer the questions/fill in the information gaps.

Ar maidin beidh sé geal tirim ach rud beag gaofar. Tráthnóna beidh sé scamallach agus beidh sé ag cur fearthainne ar an chósta. Beidh sé fuar, fliuch maidin amárach ach glanfaidh an fhearthainn san iarnóin.

A. Ar maidin beidh sé _____ agus _____.

B. Cad é mar a bheidh an aimsir ar an chósta ?
Beidh sé _____ ar an chósta.

C. Cén uair a bheidh sé ag cur fearthainne ?
Beidh sé ag cur _____

AT3 : Léamh

5. Léigh an litir seo ó chara sa Ghaeltacht agus ansin cuir líne faoi 4 ráiteas nach bhfuil fíor. Read this letter and underline 4 statements which are not true.

f/ch. Coláiste Bhríde
Rann na Feirste
13 Iúil 2005

A Dhónaill, a chara,
Seo mé i nGaeltacht Thír Chonaill. Tháinig muid Dé Máirt agus tá mé ag stopadh i dteach Sheáin le gasúir eile ó Dhoire agus ó Inis Ceithleann. Táimid i rang 4 agus Séamas an t-ainm atá ar an mhúinteoir.
Bím ag foghlaim Gaeilge sna ranganna ar maidin agus tráthnóna bíonn cluichí, rang ceoil agus rang damhsa ann. Is maith liom na cluichí - peil, snúcar, púl agus iomanaíocht ach is fuath liom na ranganna damhsa ! Tá an teach ceart go leor ach ní maith liom an bia. Tá bean an tí cairdiúil.
Beimid ag dul chuig Páirc Náisiúnta Ghleann Bheithe amárach agus chuig cluiche peile i Loch an Iúir Dé hAoine.
Slán go fóill
Do chara buan
Pól.

A. Tá Pól ag stopadh in óstán.

B. Bíonn sé ag foghlaim Gaeilge gach lá sa chólaiste.

C. Tá sé i rang a cúig.

D. Is fuath le Pól na cluichí.

E. Ní maith leis an bia.

F. Is maith le Pól na ranganna damhsa.

G. Beidh cluiche peile ann oíche Dé hAoine.

AT4 : Scríobh

1. Scríobh an fógra ceart faoi gach ceann de na léaraidí ón liosta ag bun an leathanaigh. Tá sampla déanta duit.

1. Seomra na gCluichí.   2. Páirc Náisiúnta Ghleann Bheithe
3. Ná caitear tobac   4. Bia agus Leaba
5. Iascaireacht   6. Bóthar na Farraige
7. Óstán   8. Trá

AT4 : Scríobh

2. Amharc ar na léaráidí thíos agus scríobh isteach an cur síos cuí faoin aimsir ón liosta ag bun an leathanaigh.
Look at the graphics below and then write the correct weather description under each picture.

1. Bhí an aimsir ar fheabhas- bhí an ghrian ag soilsiú agus bhí sé te tirim.
2. Bhí an aimsir díreach go measartha, bhí sé ag cur cúpla lá ach bhí sé measartha te.
3. Bhí an aimsir millteanach ar fad. Bhí sé fuar, fliuch agus gaofar.
4. Bhí an aimsir go dona- bhí sé scamallach dorcha an chuid is mó den am.

26

AT4 : Scríobh

3. Líon isteach na bearnaí sa phíosa le focal ón liosta ag bun an leathanaigh.

Chuaigh mise agus mo _____ go dtí

an _____ ar laethanta saoire.

Bhí muid ag stopadh in árasán.   Bhí an aimsir

galánta. Bhí an _____ ag soilsiú gach

lá agus bhí sé _____ .

Gach lá _____ mé agus d'imir

mé _____ agus _____ ar

an trá.   D'fhan muid _____

ann agus bhí _____ orm ag teacht abhaile.

Leadóg , ghrian, brón, theaghlach, Spáinn, peil, te, shnámh, coicís.

AT4 : Scríobh

4. Ba mhaith leat dul ar choláiste Gaeltachta. Líon isteach an fhoirm iarratais thíos.

Ainm as Gaeilge_____

Ainm as Béarla _____

Seoladh Baile _____

_____ Postchód _____

Dáta breithe_____ Guthán _____

Scoil   _____

Rang / bliain _____

An raibh tú riamh sa Ghaeltacht? ____ Cén uair? ____

Síniú an scoláire _____

Síniú tuismitheora _____ Dáta _____

AT4 : Scríobh

5A. Tá tú ar laethanta saoire. Scríobh cárta poist chuig cara agus an t-eolas seo thíos ann.

1. Say where you are.
2. Say that your brother/ sister is with you.
3. Say that you are staying in a hotel.
4. Say that the weather is lovely.
5. Say that you like the place.

5B. Tá tú ar chúrsa Gaeltachta. Scríobh ríomhphost chuig cara agus an t-eolas seo thíos ann.

1. Name the college that you are attending.
2. Say what house you are staying in.
3. Describe the weather.
4. Say that you are in Seán's class.
5. Say that you are enjoying / like the course.

Chuig_____
(Ó)_____
Ábhar_____
_____
_____
_____
_____
_____
_____
_____

Obair Ghrúpa.

Divide into four groups. Each group carries out a survey within the class using one of the questions listed below and records the response by using a computer based programme to display the results in bar/pie charts .
Your teacher will help you with the exercise.

Grúpa 1:
Base your survey on the question : **Cá ndeachaigh tú ar laethanta saoire?** distinguishing between 3 groups; those who went abroad, those who went to the Gaeltacht and those who stayed somewhere else in Ireland. The first group can be subdivided according to their destination.

Grúpa 2:
Base your survey on the question: **Cá háit a raibh tú ag stopadh?** recording the different types of accommodation sampled.

Grúpa 3 :
Record the different periods of time individuals spent on holiday by asking the question: **Cá fhad a d'fhan tú ann?**

Grúpa 4 :
Record the different means of transport used by asking the question: **Cad é mar a chuaigh tú ann?**

Liosta Focal

1. *Áiteanna in Éirinn* — *Places in Ireland*

Baile Átha Cliath	Dublin
Baile Dhún na nGall	Donegal town
Ciarraí	Kerry
Cill Airne	Killarney
Cill Mhantáin	Wicklow
Corcaigh	Cork
Droichead Átha	Drogheda
Dún Dealgan	Dundalk
Gaillimh	Galway
Loch Gorman	Wexford
Luimneach	Limerick
Port Láirge	Waterford
Sligeach	Sligo
Tiobraid Árainn	Tipperary
Tír Chonaill	Donegal

2. *Gaeltacht Thír Chonaill* — *Donegal Gaeltacht*

An Bun Beag	Bunbeg
An Clochán Liath	Dungloe
Na Doirí Beaga	Derrybeg
Dún Lúiche	Dunlewey
Leitir Ceanainn	Letterkenny
Loch an Iúir	Loughanure
Machaire Rabhartaigh	Magheraroarty
Mín an Chladaigh	Meenaclady
Rann na Feirste	Ranafast
Teileann	Teelin

3. *An Eoraip* — *Europe*

Albain	Scotland
An Bhreatain Bheag	Wales
An Eilbhéis	Switzerland
Éire	Ireland
An Fhrainc	France
An Ghearmáin	Germany
An Ghréig	Greece
An Ísiltír	Netherlands
An Iodáil	Italy
An Ostair	Austria
Sasana	England
An Spáinn	Spain
An Túirc	Turkey

4. *Taisteal* — *Travel*

Bád / ar an bhád	boat / on the boat
Bus / ar an bhus	bus / by bus
Carr / sa charr	car / by car

Liosta Focal

Eitleán / in eitleán	plane / by plane
Gluaisrothar / ar ghluaisrothar	a motorbike / on a motorbike
Rothar / ar rothar	bike / on a bike
Ticéad fillte	a return ticket
Ticéad singil	a single ticket
Traein / ar an traein	train / by train
Turas báid	a boat trip
Turas fada	a long journey
Turas lae	a day trip
Turas scoile	a school trip
Turas traenach	a train journey

5. Tréimhsí Ama — Periods of time

Coicís	a fortnight
Ar feadh coicíse	for a fortnight
Cúpla lá	a few days
Ar feadh cúpla lá	for a few days
Deich lá	ten days
Ar feadh deich lá	for ten days
Deireadh seachtaine	a weekend
Laethanta saoire na Cásca	Easter holidays
Laethanta saoire na Nollag	Christmas holidays
Laethanta saoire an tsamhraidh	Summer holidays
Mí	a month
Ar feadh míosa	for a month
An samhradh ar fad	the whole summer
Seachtain	a week
Ar feadh seachtaine	for a week

6. Loistíní — Accommodation

Árasán	an apartment
in árasán	in an apartment
Bhí me ag stopadh le bunadh na háite	I stayed with local people
Bhí mé ag stopadh le cairde	I stayed with friends
Bhí mé ag stopadh le gaolta	I stayed with relations
Carbhán	a caravan
i gcarbhán	in a caravan
Laithreán campála	a campsite
Ar laithreán campála	on a campsite
Óstán	a hotel
In óstán	in a hotel
Puball	a tent
I bpuball	in a tent
Teachín	a cottage
I dteachín	in a cottage

Liosta Focal

7. An Aimsir / The weather

Bhí an aimsir ar fheabhas	the weather was excellent
Bhí an aimsir go dona / go holc	the weather was bad
Bhí an aimsir galánta	the weather was lovely
Bhí an aimsir go measartha	the weather was fair
Bhí an aimsir iontach maith	the weather was very good
Bhí an aimsir millteanach	the weather was terrible
Bhí an ghrian ag soilsiú	the sun was shining
Bhí ceo ann	it was foggy
Bhí sé ag cur (fearthainne)	it was raining
Bhí sé ag cur sneachta	it was snowing
Bhí sé dorcha	it was dark
Bhí sé fuar, fliuch	it was cold and wet
Bhí sé gaofar	it was windy
Bhí sé geal	it was bright
Bhí sé scamallach	it was cloudy
Bhí sé te,tirim	it was warm and dry

8. Fógraí / Notices

Amharclann	theatre
Ardmháistir	headmaster
Banaltra	nurse
Bia agus Leaba	bed and breakfast
Brú na hóige	youth hostel
Bruscar	rubbish
Clár na bhfógraí	notice board
Fáilte isteach	welcome in
Gaeilge agus Fáilte	Welcome if you speak Irish
Iascaireacht	Fishing
Ionad Cois Locha	Lakeside centre
Leabharlann Taistil	Mobile library
Ná caitear tobac	No smoking
Oifig Fáilte	Tourist Office
Oifig an Rúnaí	Secretary's office
Páirc Náisiúnta Ghleann Bheithe	Glenveigh National Park
Seomra na Banaltra	The Nurse's room
Seomra na gcluichí	The Games' room
Seomra na gcótaí	The Cloakroom
Slán abhaile	Safe home
Slán go fóill	Bye for now
Teach an Cheoil	house of music
Trá	Beach

9. Imeachtaí/ag déanamh rudaí — holiday routine/events

Bhain mé sult as na laethanta saoire	I enjoyed the holidays
Chaith mé lá ag iascaireacht	I spent a day fishing
Chuir mé cartaí poist	I sent postcards
Cheannaigh mé bronntanais	I bought presents
Chuaigh mé chuig an trá gach lá	I went to the beach every day
D'éirigh mé go luath	I got up early
D'éirigh mé go mall	I got up late
D'fhan mé coicís ann	I stayed there a fortnight
D'fhoghlaim mé Gaeilge	I learned Irish
Ghlac mé páirt sna comórtais	I took part in the competitions
D'imir mé peil ar an trá	I played football on the beach
Labhair mé Fraincis	I spoke French

Aonad 2: Saol an Uile Lae

AT1 : Éisteacht

1. Éist leis an téip agus cuir litir le gach ceann de na pictiúir de réir ord na téipe. Tá sampla déanta duit.

AT1: éisteacht

2. Éist leis an téip agus scríobh isteach an t-am ceart taobh le gach pictiúr. Tá sampla déanta duit.

3. Cuireann Pól síos ar imeachtaí an lae ar scoil. Éist leis agus ansin cuir uimhir 1-6 taobh leis na léaráidí de réir ord na téipe.

AT1 : Éisteacht

4. Cluineann tú an comhrá seo i mbialann. Éist leis agus ansin freagair na ceisteanna thíos.

A. Cuir ciorcal thart ar dhá rud a ordaíonn an bhean sa chaife.

B. Cad é a ordaíonn Éamann? Cuir ciorcal thart ar an léaráid chuí.

C. Cuir fáinne thart ar an rud a ólann Éamann.

5. Éist le hÁine ag cur síos ar an Satharn agus cuir tic leis na ráitis atá fíor agus X leis na cinn nach bhfuil.

A. Níor thaitin an Satharn le hÁine. ☐

B. D'éist sí leis an raidió ar maidin. ☐

C. Chuaigh sí ag siopadóireacht ar 2.15. ☐

D. D'ith sí a dinnéar lena cairde i lár an bhaile. ☐

E. D'fhill sí abhaile ar 10.15. ☐

F. D'éist sí le ceol roimh dhul a luí. ☐

AT2 : Labhairt

1(A.) Amharc ar na léaráidí thíos roghnaigh 3 cinn agus cuir ceist ar do chara. Tá abairtí thíos le cuidiú leat.
"Cad é a rinne Peadar Dé Luain?"

8.30

11.00

9.10

Mhúscail sé go luath, ar ceathrú i ndiaidh a seacht.
D'imir sé peil ag am sosa.
Chuaigh sé ar scoil ar an bhus.
D'fhág sé an teach ar leath i ndiaidh a hocht.
Bhain sé an scoil amach i ndiaidh a naoi.
D'ith sé borgaire sa bhialann ag am lóin.

AT2 : Labhairt

1(B). Amharc ar na léaráidí thíos roghnaigh **3** cinn agus cuir ceist ar do chara "Cad é a rinne Peadar Dé Luain i ndiaidh na scoile?"

Tá abairtí ag bun an leathanaigh le cuidiú leat.

D'imir sé cluichí ríomhaire.
Shnámh sé sa tsólann.
Chuaigh sé amach ag rothaíocht.
Nigh sé carr a mháthar.
Chaith sé tamall ag amharc ar an teilifís.
D'imir sé cluiche snúcáir i gclub na n-óg.

AT2 : Labhairt

2(A) Anois roghnaigh 3 cinn de na léaráidí thíos agus cuir ceist ar do chara

"Cad é a rinne Áine Dé Sathairn?"
Tá abairtí ag bun an leathanaigh le cuidiú leat.

- D'éirigh Áine ar leath i ndiaidh a deich.
- D'ith sí bricfeasta ar a haon déag.
- Rinne sí obair bhaile.
- D'amharc sí ar an teilifís.
- Cheannaigh sí péire bróg.
- Tháinig sí abhaile ar an bhus.

Anois cuir agus freagair an cheist
"Cad é a rinne Áine Dé Sathairn?"

AT2 : Labhairt

2(B). Cad é rinne sí oíche Dé Sathairn?

Seo tuilleadh samplaí thíos. Amharc ar na léaráidí agus ceangail gach ceann acu leis an abairt chuí.

- D'amharc sí ar an teilifís.
- Chuaigh sí chuig an dioscó.
- D'éist sí le ceol.
- Shiúil sí abhaile lena cara.
- D'ith sí ceapaire agud d'ól sí gloine bainne.
- Chuaigh sí a luí.

Anois cuir an cheist
"Cad é rinne Aine oíche Dé Sathairn?"

AT2 : Labhairt

3(A). Ceangail na léaráidí leis na ceisteanna cuí agus ansin cuir 3 cheist ar do chara.

Cén t-am ar éirigh tú?
Cén t-am ar chuir tú ort do chuid éadaigh?
Cén t-am ar ith tú bricfeasta?
Cén t-am ar tháinig tú abhaile ón scoil?
Cén t-am ar amharc tú ar an teilifís?
Cén t-am ar bhain tú an scoil amach?

Anois foghlaim na ceisteanna thuas!

AT2 : Labhairt

3(B). Ceangail na léaráidí leis na ceisteanna cuí agus ansin cuir **3** cheist ar do chara.

1. Cén t-am a ndeachaigh tú a luí?
2. Cén t-am a ndearna tú obair bhaile aréir?
3. Cén t-am a bhfuair tú dinnéar aréir?
4. Cén t-am a ndúirt tú do phaidreacha?
5. Cén t-am a bhfaca tú do chara inné?
6. Cén t-am a raibh tú ag imirt peile inné?

Anois foghlaim na ceisteanna thuas!

AT2 : Labhairt

4(A). Anois amharc ar na léaráidí thíos agus tabhair freagra diúltach (give a negative reply) ar na ceisteanna a chuireann do chara. Tá sampla déanta duit.

X **Ní dúirt mé mo phaidreacha**

1. An ndeachaigh tú ar scoil Dé Sathairn?
2. An bhfaca tú Eastenders ar an teilifís aréir?
3. An bhfuair tú dinnéar ar a haon a chlog inné?
4. An ndúirt tú paidreacha ar a sé a chlog ar maidin?
5. An raibh tú ag éisteacht leis an raidió sa rang Mata?
6. An ndearna tú obair bhaile aréir?

X Ní dheachaigh mé	X Ní fhaca mé ....
X Ní bhfuair mé	X Ní dúirt mé...........
X Ní raibh mé	X Ní dhearna mé...........

**Anois cleacht na ceisteanna agus na freagraí thuas!
Déan iad a fhoghlaim!**

AT2 : Labhairt

4(B). Anois seo tuilleadh samplaí duit. Amharc ar na léaráidí thíos agus tabhair freagra diúltach arís (give a negative reply) ar na ceisteanna a chuireann do chara. Tá sampla déanta duit.

8.00   8.30   11.00

X   7.30

Níor imir Peadar leadóg inné

1. Ar ith Áine bricfeasta ar a seacht?
2. Ar imir Peadar leadóg?
3. Ar fhág Peadar an teach ar a naoi?
4. Ar éist Áine le ceol ar a hocht?
5. Ar chuir Séamas air a chuid éadaigh ar 8.00?
6. Ar tháinig sé abhaile óna chuid oibre ar an bhus?

Anois déan na samplaí thuas a chleachtadh agus a fhoghlaim!

AT2 : Labhairt

5(A). Anois samhlaigh gur tusa Séamas. Amharc ar na léaráidí agus ansin freagair an cheist a chuireann do chara.

Imagine you are Séamas. Use the graphics below to answer the question of how you spent the weekend.

"Cad é a rinne tú ag deireadh na seachtaine?"

AT2 : Labhairt

5(B). Anois samhlaigh gur tusa Sinéad. Amharc ar na léaráidí agus ansin freagair an cheist a chuireann do chara.

Now imagine you are Sinéad. Describe your weekend.

AT3 : Léamh

1. Amharc ar na léaráidí thíos agus ceangail gach ceann acu leis an lipéad 1-10. Scríobh an uimhir cheart sa bhosca taobh le gach léaráid. Tá sampla déanta.

1. Ubh bhruite agus arán rósta 2. Ubh fhríochta ispíní agus bagún 3. Iasc agus sceallóga 4. Stéig, prátaí agus piseanna 5. Cupán caife agus císte 6. Calóga arbhair agus sú óraiste 7. Uachtar reoite 8. Borgaire agus sceallóga 9. Sicín agus sceallóga 10. Cupán tae.

Obair bheirte: Anois cuir an cheist seo ar do chara:

Cad é a d'ith tú don bhricfeasta ar maidin/don dinnéar aréir?

Freagair an cheist chomh maith!

AT3 : Léamh

2. Amharc ar na léaraidí thíos agus cuir tic sa bhosca taobh le ráiteas atá fíor agus X sa bhosca taobh le ceann ar bith atá bréagach.

7.15

8.00

10.00

2.15

3.15

5.30

AT3 : Léamh

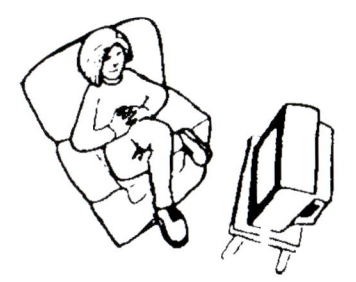

6.45   7.30

10.15

1. D'éirigh Nóra ar ceathrú go dtí a hocht. ☐

2. D'ith sí bricfeasta ar cúig i ndiaidh a hocht. ☐

3. Cheannaigh sí péire bróg ar a deich. ☐

4. Rinne máthair Nóra siopadóireacht ar a dó a chlog. ☐

5. Tháinig sí abhaile ar an bhus ar a trí. ☐

6. D'amharc sí ar an teilifís ar leath i ndiaidh a seacht. ☐

7. D'ullmhaigh sí dinnéar ar leath i ndiaidh a cúig. ☐

8. D'éist sí le ceol ar ceathrú go dtí a seacht. ☐

9. D'ól sí cupán tae ar a haon déag. ☐

Anois foghlaim na habairtí thuas agus cleacht le do chara iad.

AT3 : Léamh

3. Amharc ar na léaráidí thíos agus ceangail gach ceann acu leis an abairt chuí ag deireadh an leathanaigh. Scríobh uimhir na habairte 1-10 sa bhosca taobh le gach léaráid. Tá sampla déanta duit.

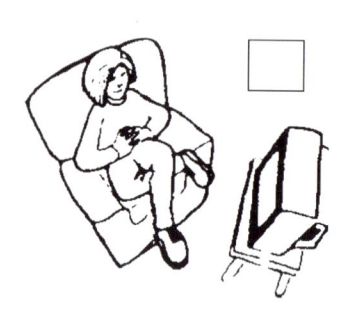

5

AT3 : Léamh

1. Bhí an ghirseach ag amharc ar an teilifís.
2. Bhí na gasúir ag imirt peile.
3. Bhí an gasúr ag ullmhú bricfeasta.
4. Bhí an gasúr ag dul a luí.
5. Bhí an gasúr ag fágáil an tí .
6. Bhí an ghirseach ag éisteacht le ceol.
7. Bhí an gasúr ag ní soithí.
8. Bhí an ghirseach ag siúl abhaile lena cara.
9. Bhí an gasúr ag rá paidreacha.
10. Bhí an gasúr ag ithe borgaire.

Anois foghlaim na habairtí thuas agus cleacht le do chara iad.

AT3 : Léamh

4. Fágann athair Phóil nóta ar thábla na cistine. Léigh é agus ansin freagair na ceisteanna thíos.

Ar shiúl ag obair - ar ais ar 6.00. Glan amach an garáiste, bain an féar ar chúl an tí agus nigh carr do mhamaí. Tá sí ar shiúl go Doire le haintín Nóra. Ceannaigh arán, bainne agus prátaí sna siopaí. Tá an tine le lasadh roimh 5.00.

A. Cá ndeachaigh athair Phóil ?
1. Chuig na siopaí.
2. Chuig an gharáiste.
3. Chuig a chuid oibre.

B. Tá máthair Phóil ………………………………
1. Sa bhaile.
2. Ag na siopaí.
3. I nDoire.

C. Cuir fáinne thart ar **dhá** rud atá le ceannach sna siopaí.

D. Cad é atá le ní ag Pól? Cuir fáinne thart ar an phictiúr cuí.

E. What is Paul asked to do before five o' clock?

AT4 : Scríobh

1. Scríobh isteach focal/frása sa bhearna faoi gach pictiúr ón liosta ag bun an leathanaigh. Tá sampla déanta duit.

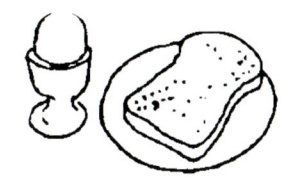

_____   sicín agus sceallóga   _____

_____   _____   _____

_____

: Calóga arbhair agus sú oráiste
: sicín agus sceallóga
: bagún, ispíní agus ubh fhríochta
: stéig, prátaí rósta agus piseanna
: ubh bhruite agus arán rósta
: cupán caife agus píosa císte
: borgaire cáise agus deoch liomanáide

AT4 : Scríobh

2. Líon isteach na bearnaí faoi na pictiúir thíos le briathar ón liosta ag bun an cheachta. Tá sampla déanta duit.

1. **D'éirigh** Peadar ar leath i ndiaidh a sé.

2. _____ sé ar a chuid éadaigh ar fiche go dtí a seacht.

3. _____ sé bricfeasta ar ceathrú go dtí a seacht.

4. _____ sé an teach ar 8.15 .

5. _____ sé ar scoil ar an bhus ar 8.25.

6. _____ sé peil lena chairde ranga ar 4.00.

---

d'fhág, d'imir, d'ith, chuir, d'éirigh, chuaigh.

AT4 : Scríobh

3. Líon isteach na bearnaí sna boscaí thíos leis an eolas cuí.

A. Scríobh isteach sa bhosca seo **ceithre** rud a d'ith tú nó a d'ól tú ar maidin.

B. Anois líon isteach sa bhosca seo **4** rud a d'ith/d'ól tú ar scoil ag am lóin.

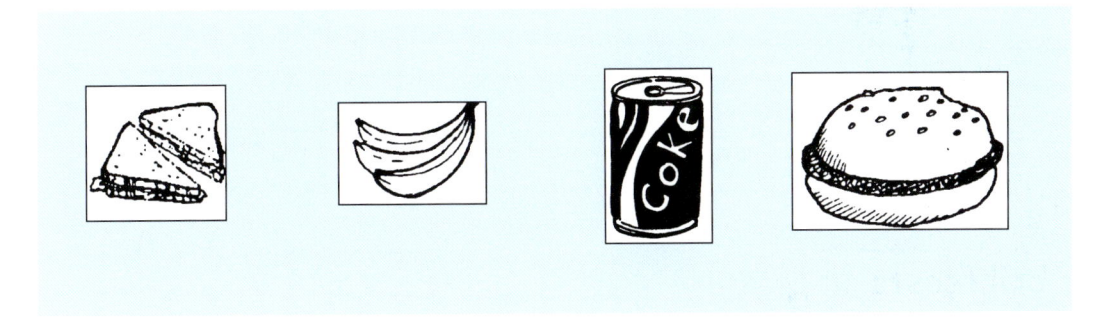

C. Anois scríobh isteach **ceithre** rud a d'ith tú/a d'ól tú aréir don dinnéar.

AT4 : Scríobh

4. Líon isteach na bearnaí sa dialann thíos le briathra atá oiriúnach. Fill in the gaps in the dairy entries below. Tá samplaí déanta duit.

AM	DÉ DOMHNAIGH	AM	DÉ LUAIN
10.15	D'éirigh mé agus nigh mé mé féin	8.15	D'fhág mé an teach
12.30		11.05	
2.15		12.30	D'ith mé mo lón sa cheaintín
6.00	D'amharc mé ar an Teilifís	2.30	
7.30		4.15	shiúil mé abhaile le mo chara scoile
9.00		6.30	
10.30	Chuaigh mé a luí	9.45	

Shiúil mé abhaile le mo chara scoile.

AT4 : Scríobh

5A. Léigh an nóta arís a d'fhág athair Phóil dó (Léamh ceist 4). Agus ansin fág nóta do do mhamaí agus bíodh an t-eolas seo thíos ann.

1. Say that you have gone to the Leisure Centre.
2. Say that there is a netball/football match at 2.30.
3. Say that you will be back at 5.30.

5B. Cuir ríomhphost chuig do chara agus an t-eolas seo a leanas ann. Send an e-mail to your friend and ...

1. Say that you are playing netball / hurling after school.
2. Say that you will be home at 5.30.
3. Tell your friend to phone you tonight.

Chuig_____
(Ó)_____
Ábhar_____

Liosta Focal

1. TABLE OF COMMON REGULAR VERBS IN THE PAST TENSE

VERB	QUESTION FORM	POSITIVE ANSWER	NEGATIVE ANSWER
1. Amharc (ar) To watch	Ar amharc tú ar …?	D' amharc mé ar ……….	Níor amharc mé ar ……..
2. Bain (amach) To reach	Ar bhain tú ……amach ?	Bhain mé ……amach.	Níor bhain mé ……amach
3. Buail (le) To meet	Ar bhuail tú le…… ?	Bhuail mé le……….	Níor bhuail mé le ……
4. Ceannaigh To buy	Ar cheannaigh tú ?	Cheannaigh mé	Níor cheannaigh mé
5. Codail To sleep	Ar chodail tú ?	Chodail mé	Níor chodail mé
6. Cuir (ar) éadai To dress	Ar chuir tú ort do chuid éadaigh ?	Chuir mé orm mo chuid éadaigh	Níor chuir mé Orm mo chuid éadaigh
7. Dúisigh To waken	Ar dhúisigh tú ?	Dhúisigh mé	Níor dhúisigh mé
8. Éirigh To get up	Ar éirigh tú ?	D'éirigh mé	Níor éirighmé
9. Éist (le) To listen (to)	Ar éist tú le… ?	D'éist mé le …..	Níor éist mé le …….
10. Fág To leave	Ar fhág tú ……?	D'fhág mé …..	Níor fhág mé …….
11. Fill abhaile To return home	Ar fhill tú abhaile…?	D'fhill mé abhaile	Níor fhill mé abhaile …….
12. Foghlaim To learn	Ar fhoghlaim tú ?	D'fhoghlaim mé	Níor fhoghlaim mé
13. Glan To clean	Ar ghlan tú…. ?	Ghlan mé ……….	Níor ghlan mé ……….
14. Imir To play	Ar imir tú …...?	D' imir mé ……….	Níor imir mé …
15. Labhair To speak	Ar labhair tú …?	Labhair mé ……….	Níor labhair mé ……
16. Las …… To light	Ar las tú …… ?	Las mé ……….	Níor las mé ……
17. Múscail To waken	Ar mhúscail tú ?	Mhúscail mé	Níor mhúscail mé
18. Nigh (tú féin)	Ar nigh tú tú féin?	Nigh mé mé féin	Níor nigh mé mé féin
19. Ól To drink	Ar ól tú ……… ?	D'ól mé ……….	Níor ól mé ………
20. Scuab To brush	Ar scuab tú ……?	Scuab mé ………	Níor scuab mé ………….
21. Siúil To walk	Ar shiúil tú …?	Shiúil mé ……	Níor shiúil mé ………….
22. Triomaigh To dry	Ar thriomaigh tú … ?	Thriomaigh mé ……….	Níor thriomaigh mé
23. Ullmhaigh To prepare	Ar ullmhaigh tú …...?	D'ullmhaigh mé ………	Níor ullmhaigh mé ……….

2. TABLE OF IRREGULAR VERBS IN THE PAST TENSE

VERB	QUESTION FORM	POSITIVE ANSWER	NEGATIVE ANSWER
* 1. Abair To say	An ndúirt tú …?	Dúirt mé ……….	Ní dúirt mé a ……..
2. Beir (ar) To catch	Ar rug tú ar …… ?	Rug mé ar……….	Níor rug mé ar……
* 3. Bí To be	An raibh tú ?	Bhí mé ……….	Ní raibh mé …
4. Cluin To hear	Ar chuala tú ?	Chuala mé	Níor chuala mé
* 5. Déan To do/ make	An ndearna tú ?	Rinne mé	Ní dhearna mé
* 6. Faigh To get	An bhfuair tú ?	Fuair mé	Ní bhfuair mé
* 7. Feic To see	An bhfaca tú ?	Chonaic mé	Ní fhaca mé
8. Ith To eat	Ar ith tú ?	D'ith mé	Níor ith mé
9. Tabhair To give	Ar thug tú ………?	Thug mé …..	Níor thug mé …….
10. Tar To come	Ar tháinig tú ?	Tháinig mé	Níor tháinig mé
*11. Téigh To go	An ndeachaigh tú ……?	Chuaigh mé …..	Ní dheachaigh mé …….

*   Note the special question and negative forms.

Liosta Focal

3. **Bia agus Beilí**   **Food and Meals**

Anraith	soup
Arán rósta	toast
Bagún	bacon
Brachán	porridge
Bricfeasta	breakfast
Borgaire cáise	cheese burger
Calóga arbhair	cornflakes
Ceapairí	sandwiches
Cupán caife	cup of coffee
Cupán tae	cup of tea
Dinnéar	dinner
Gloine bainne	glass of milk
Gloine liomanáide	glass of lemonade
Iasc	fish
Im	butter
Ispíní	sausages
Sceallóga	chips
Sicín	chicken
Stéig	steak
Sú oráiste	orange juice
Subh	jam
Suipéar	supper
Toirtín úll	apple tart
Uachtar	cream
Uachtar reoite	ice cream
Ubh	an egg
Ubh bhruite	a boiled egg
Ubh fhríochta	a fried egg
Uibheacha scrofa	scrambled eggs

4. **Daoine/ Slite Beatha**   **People /Jobs**

Banaltra	a nurse
Bean Tí	a housewife
Búistéir	a butcher
Dochtúir	a doctor
Fear an bhainne	the milkman
Fear an phoist	the postman
Gasúr scoile	a schoolboy
Girseach scoile	a schoolgirl
Gruagaire	a hairdresser
Meicneoir	a mechanic
Múinteoir	a teacher
Rúnaí	a secretary
Sagart	a priest
Siopadóir	a shopkeeper
Tiománaí bus	a bus driver
Tógálaí	a builder

Liosta Focal

5. **Ag Déanamh Rudaí** — **Doing things**

Ag amharc ar an teilifís	watching TV
Ag bualadh le cairde	meeting friends
Ag ceannach eadaí nua	buying new clothes
Ag déanamh obair bhaile	doing homework
Ag dul a luí	going to bed
Ag dul amach le cairde	going out with friends
Ag éirí go mall	getting up late
Ag éisteacht le ceol	listening to music
Ag fagáil an tí	leaving the house
Ag filleadh abhaile	returning home
Ag foghlaim Gaeilge	learning Irish
Ag glanadh an tí	cleaning the house
Ag ithe borgaire	eating a burger
Ag imirt cluichí ríomhaire	playing computer games
Ag lasadh na tine	lighting the fire
Ag ní na soithí	washing the dishes
Ag ordú béile	ordering a meal
Ag rá paidreacha	saying prayers
Ag siúl abhaile	walking home
Ag teacht isteach	coming in
Ag triomú na soithí	drying the dishes
Ag ullmhú bricfeasta	preparing breakfast.

AONAD 3: Mé Féin agus Daoine Eile

AT1 : Éisteacht

5. Cluineann tú na tuismeánna seo ar an raidió maidin amháin. You hear these horoscopes on the radio. Éist leo agus ansin freagair na ceisteanna thíos/líon isteach na bearnaí.

A. (1) Cén sórt duine é an Scairp? Déan pointe amháin.

Is duine _____ é.

(2) Cad é an rud is maith leis an Scairp?

Is maith leis _____

(3) Beidh cara leis i dtrioblóid

- Dé Sathairn
- Dé Domhnaigh
- Dé Luain

B. (1) Is fuath leis an Leon
_____

(2) Is duine _____ agus _____ é

(3) Uimhir Shona _____ Dath sona _____

(4) Beidh _____ agus airgead ag teacht Dé hAoine

AT2 : Labhairt

1. **D'éist tú le daoine ag cur síos orthu féin. Seo roinnt de na habairtí a bhí in úsáid acu.**
You have listened to people talking about themselves. Below are some of the phrases they used.
Ceangail gach ceann acu i ngrúpa 1 (A-J) leis an freagra ceart as grúpa 2 (1-10). Tá sampla déanta duit.

GRÚPA 1   GRÚPA 2

*A. Rugadh mé sa bhliain......   1.......i mo theaghlach

B. Tá mé i mo chónaí.....   2....i gColáiste Cholmcille

C. Tá cúigear ....   3. ..in Inis Ceithleann

D. Is tógálaí m'athair agus   4.... an duine is sine

E. Tá mo shúile donn agus   5. ...Contae Dhoire mé

F. As Léim an Mhadaidh....   6 .. deartháir amháin agam

G. Beidh mé trí bliana déag...   7*Míle naoi gcéad nócha a dó ....

H. Tá beirt dheirfiúr agus...   8. ..is bean tí mo mhamaí

I 'Sí mo dheirfiúr Áine.....   9. ...ar an 3 lá Iúil i mbliana

J. Is scoláire dara bliain mé...   10..tá mo chuid gruaige rua

Anois críochnaigh na habairtí A-J le do fhreagraí féin!

Is tógálaí m'athair

67

AT2 : Labhairt

2. Anois déan cur síos ort féin
Cuir tú féin in aithne don duine taobh leat.

Now try introducing yourself to your partner to include the following details :

A. Give your name / say who you are.

B. Say what age you are.

C. Say where you live / are from.

D. Mention how many there are in your family.

E. Say something that you like.

F. Mention something that you do not like.

Seo roinnt abairtí le cuidiú leat

(a) Is mise ………………………… / ……………. an t-ainm atá orm.

(b) Tá mé dhá bhliain déag / trí bliana déag d'aois.

(c) Té mé i mo chónaí i nDún Geanainn / ……..As Contae an Dúin dom.

(d) Tá ceathrar / cúigear / seisear i mo theaghlach

(e) Is maith liom spórt / ceol / uachtar reoite.

(f) Ní maith liom / is fuath liom obair scoile
Is maith liom an ceol

Anois foghlaim na habairtí thuas agus ansin déan iad a chleachtadh leis an duine taobh leat!

AT2 : Labhairt

3. Buaileann tú le cara nua ag club na n-óg. Cuir na ceisteanna cuí leis an eolas seo a fháil.

You meet a new friend at the youth club. Ask the questions below to find out about him/her.

A. Ask what his/her name is.

B. Ask where he/she lives/is from.

C. Ask how many there are in his/her family.

D. Ask what age he/she is.

E. Ask if he/she likes music/sport.

F. Ask where he/she goes to school.

Seo roinnt ceisteanna ach níl na focail san ord ceart. Cuir san ord ceart iad ar dtús agus ansin cuir na ceisteanna ar do chara nua.

(1). Cá scoil ar bhfuil tú?

(2) Maith leat ceol/spórt an?

(3) Theaghlach mhéad do cé i atá?

(4) Tusa cé?/ort an t-ainm cad atá é?

(5) Aois cén tú?

(6) As cárb duit?/háit tú cá bhfuil a chónaí do i?

Anois foghlaim ceisteanna 1-6 thuas agus cleacht iad le do chara.

AT2 : Labhairt

4. Now ask your friend when he/she was born.
Cén bhliain ar rugadh thú?
Seo roinnt freagraí samplacha.
- Is mise Úna. Rugadh mé sa bhliain míle, naoi gcéad nócha a trí (1993)
- Is mise Cormac. Rugadh i mBéal Feirste mé sa bhliain míle naoi gcéad ochtó a hocht.(1988)
- Marcas an t-ainm atá orm. Rugadh mé i Mí an Mhárta, míle naoi gcéad nócha a trí. (1993)
- Eibhlín an t-ainm atá ar mo mhamaí agus rugadh í sa bhliain míle naoi gcéad seasca a naoi.(1969)

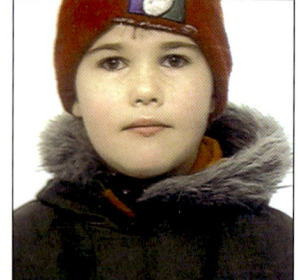

5. Now ask your friend when his/her birthday is.
Cén dáta a mbíonn do bhreithlá ann?
Seo roinnt freagraí samplacha

Iúil	
Domhnach 5	Domhnach 12
Luan 6	Luan 13
Máirt 7	Máirt 14
Céadaoin 8	
Déardaoin 9	
Aoine 10	
Satharn 11	

- Mise Cormac. Rugadh ar an chéad lá Iúil mé . (01/07)

- 'Sé an dáta breithe atá agam ná an t-aonú lá déag Bealtaine. (11/05)

Lúnasa	
Domhnach 5	Domhnach 12
Luan 6	Luan 13
Máirt 7	Máirt 14
Céadaoin 8	Céadaoin 15
Déardaoin 9	Déardaoin 16
Aoine 10	Aoine 17
Satharn 11	Satharn 18

- Rugadh mo chara ar an chúigiú lá is fiche Lúnasa (25/08)

- Bíonn mo bhreithlá ann ar an deichiú lá Feabhra. (10/02) Beidh mé trí bliana déag i mbliana.

AT2 : Labhairt

6. Now ask how many sisters/brothers your friend has.
Cé mhéad deirfiúr/deartháir atá agat?

- Mise Treasa. Tá deirfiúr agus deartháir amháin agam.

- Mise Pádraig. Níl deirfiúr ar bith agam ach tá beirt dheartháir agam.

- Mise Síle. Níl deartháir ar bith agam ach tá triúr deirfiúr agam.

- Is mise Brian. Tá triúr deartháir agam agus beirt dheirfiúr.

An dtig leat daoine a chuntas?

Foghlaim an t-eolas sa bhosca thíos le cuidiú leat.

1. Duine amháin	2. Beirt	3. Triúr
4. Ceathrar	5. Cúigear	6. Seisear
7. Seachtar	8. Ochtar	9. Naonúr
10. Deichniúr	11. Duine dhéag	12. Dáréag

AT2 : Labhairt

7. Now try to find out what your partner likes/dislikes.

Seo roinnt ceisteanna samplacha duit
- An maith leat an spórt?
- Cé acu is fearr leat peil ná leadóg?
- Cén caitheamh aimsire is fearr leat?

Seo roinnt Freagraí samplacha

- Is maith liom an spórt agus imrím peil, cispheil agus snúcar.
- Is breá liom an rothaíocht.

- Is mise Peadar. Is fearr liom peil ná leadóg.

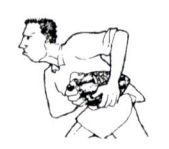

- X Is fuath liom sacar ach is breá liom rugbaí.

- Seo é m'athair. Is fearr leis bheith ag iascaireacht.

Seo roinnt caitheamh aimsire – déan iad a fhoghlaim!

Camógaíocht (camogie)	Cispheil (basket ball)
Eitpheil (Volleyball)	Haca (hockey)
Iascaireacht (fishing)	Iománaíocht (hurling)
Leadóg (tennis)	Leadóg thábla (table tennis)
Líonpheil (netball)	Marcaíocht (horse riding)
Peil (football)	Reathaíocht (running)
Rothaíocht (cycling)	Rugbaí (rugby)
Snámh (swimming)	Snúcar (snooker)

AT2 : Labhairt

8. Tabhair isteach grianghraf de dhuine éigin i do theaghlach nó cara leat agus déan cur síos air/uirthi.

Bring in a photo of a friend or family member and use these questions to describe him/her.

- Cé hé/hí?
- Ainm
- Aois
- Dáta a b(h)reithe
- Dath na súl
- Dath na gruaige
- Ard nó beag?
- Is maith leis/léi ………………………..
- Is fuath leis/léi ………………………
- Cén sórt duine é/í?

Seo roinnt aidiachtaí le cuidiú leat cur síos a dhéanamh ar dhaoine. Déan iad a chleachtadh le do mhúinteoir agus ansin foghlaim iad.

Ard	Beag	Bródúil
Cainteach	Cairdiúil	Ceanndána
Cliste	Dícheallach	Díograiseach
Dóighiúil	Faiteach	Fial
Fiosrach	Greannmhar	Néata
Óg	Tanaí	Tuisceanach.

AT3 : Léamh

1. Ceangail na léaraidí thíos leis an tslí bheatha chuí **1-12** ag bun an leathanaigh. Scríobh an uimhir cheart sa bhosca faoi gach léaráid. **Tá sampla déanta duit.**

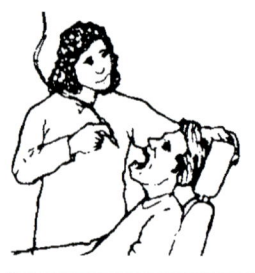

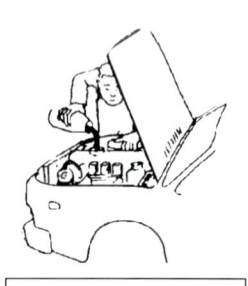

| 12 | | | |

| | | | |

| | | | |

1. Siopadóir   2. Iascaire   3. Fiaclóir   4. Tiománaí
5. Bean tí   6. Peileadóir 7. Meicneoir 8. Múinteoir
9. Banaltra   10. Gruagaire 11. Búistéir 12. Tógálaí

AT3 : Léamh

2. Ceangail na léaráidí **A-I** leis an chur síos cuí **1-9** thíos. Scríobh an uimhir cheart sa bhosca taobh le gach léaráid. **Tá sampla déanta duit.**

A	B	C
2		

D	E	F

G	H	I

1. Cuidíonn sí leis na hothair san ospidéal.
2. Bíonn sé ag obair le hainmhithe.
3. Tugann sé aire do dhaoine atá tinn.
4. Fágann sé bainne ar leac an dorais.
5. Bíonn sí ag obair sa teach.
6. Tógann sé tithe agus scoileanna.
7. Bíonn sé ag obair i mbialann.
8. Deisíonn sé carranna agus innill.
9. Tagann sé le litreacha agus cártaí.

AT3 : Léamh

3. Léigh an cur síos a rinne Áine ar a cara Síle agus ansin roghnaigh an freagra ceart do gach cheist.

Síle Nic Mhánais atá uirthi. Tá sí beag agus measartha tanaí, tá a súile liath agus tá a cuid gruaige donn. Tá sí ina cónaí i nDroichead na Banna, Contae an Dúin. Rugadh í ar 20 Lúnasa, míle naoi gcéad nócha a haon agus beidh sí ceithre bliana déag i mbliana. Tá cúigear ina teaghlach, í féin, a mamaí , deirfiúr amháin agus beirt dhearthaíreacha. Is breá léi camógaíocht agus líonpheil ach is fuath léi obair scoile agus glasraí.

A. Tá Síle
- (1) Ard, tanaí
- (2) Beag, ramhar
- (3) Beag, tanaí

B. Rugadh í
- (1) sa samhradh
- (2) San earrach
- (3) San fhómhar
- (4) Sa gheimhreadh

C. Beidh sí   13   14   15   bliana d'aois i mbliana

D. Tá   5   7   8   ina teaghlach

E. Tá   1   2   3   deartháir aici.

F. Is maith léi

G. Ní maith léi

AT3 : Léamh

4. Léigh na fógraí thíos agus ansin roghnaigh an freagra ceart/líon na bearnaí sna habairtí. Read these short notices and then select the correct option/fill in the gaps.

(1) Chomhghairdeas, a Bhríd Ní Dhónaill - beidh tú ocht mbliana déag Dé Máirt.

(11) Go n-éirí an t-ádh le Dónall agus le Seán Ó Néill a bheidh ar fhoireann Aontroma don chluiche mór peile Dé Domhaigh in éadan fhoireann Dhoire.

(111) Rugadh mac do Bhrian Mac Mathúna agus dá bhean chéile, Síle Dé Sathairn 11 Meán Fómhair i gCorcaigh.

(iv) Chaill Aine Ní Mhuirí cóta dubh ag céilí i Halla Uladh, Dé hAoine 31 Lúnasa. Bhí sparán buí agus eochair tí i bpóca an chóta. Má tá eolas ar bith agat faoi cuir scairt ar Ghleann Ghormlaithe 90825166.

(v) Breithlá shona duit, a Sheáin - bliain is fiche arís ! Ó do chairde oibre uilig ag Dunnes in Inis Ceithleann. Oíche mhór amuigh Dé Sathairn!

A. Beidh Bríd 16   17 18   Dé Máirt.
B. Beidh Dónall Ó Muirí ag imirt

Dé Domhnaigh.

AT3 : Léamh

C. Tá Brian Mac Mathúna ina chónaí
- I nDún Phádraig
- I gCorcaigh
- In Aontroim
- I nDoire

D. _____ an t-ainm atá ar bhean Bhriain.

E. Chaill Aine Ní Néill a

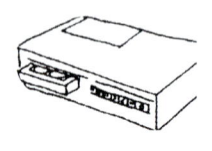

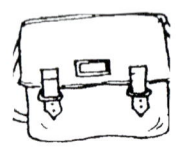

F. Bhí an céilí ann i Mí _____

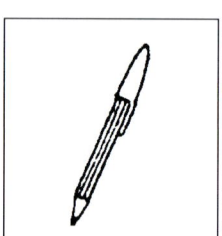

G. Bhí _____ ina póca.

H. Oibríonn Seán ag _____ in _____

5. Léigh na tuisméanna thíos agus ansin líon na béarnaí /roghnaigh an freagra cuí thíos.
Read these horoscopes and then fill in the gaps /select the correct option below.

An Tarbh: 21 Aibreán- 21 Bealtaine
Is duine cainteach, cairdiúil tú. Tá dúil agat sna héadaí faiseanta. Ná bí falsa Dé hAoine agus cuidigh le do theaghlach ag deireadh na seachtaine. **Uimhir shona: 17, Dath Sona: gorm.**

An Scairp: 24 Deireadh Fómhair 22 Samhain
Tá tú ciallmhar tuisceanach ach falsa. Is binn leat gach cineál ceoil. Beidh cara leat i dtrioblóid agus cuidigh léi. Bí cúramach le do chuid airgid ag deireadh na seachtaine.
Uimhir Shona: 6 Dath Sona: dubh

An Leon: 24 Iúil - 23 Lúnasa:
Tá tú ceanndána, faiteach agus rud beag falsa ach is cara maith tú. Beidh airgead sa phost Dé Luain. Tabhair aire do do shláinte.

Na hÉisc: 20 Feabhra - 20 Mórta:
Is duine greannmhar, cliste tú. Is breá leat gach cineál spóirt go háirithe peil agus iománaíocht. Cluinfidh tú ó chara nach bhfaca tú le fada. Beidh lá mór agat Dé Domhnaigh.

AT3 : Léamh

A. Is maith leis an _____ éadaí deasa.

B. Tá uimhir a sé mar uimhir shona ag _____

C. Cuir fáinne thart ar an rud thíos is breá leis na hÉisc.

D. Beidh _____ ag an Leon sa phost Dé Luain.

E. Tarraing líne idir an ráiteas agus an comhartha cuí.
Draw a line between the statements (i-iv) and the corresponding Zodiac sign.

i. Tá tú cairdiúil ach falsa in amanna

AN SCAIRP

ii. Is maith leat an ceol

AN LEON

iii. Is cara maith tú

NA hÉISC

iv. Tá dúil mhór agat sa spórt

AN TARBH

AT4 : Scríobh

1. Athscríobh na focail thíos leis an tslí bheatha a litriú mar is ceart.
Rewrite correctly the words for the jobs illustrated below.

| is tlanabar í | is riaguarge é | is óealrideip é |
| is _____ í | is _____ é | is _____ é |

| is an naibhne rafe é | is tsiréiúb é | is an earf soitph é |
| is _____ é | is _____ é | is _____ é |

| is lágtóía é | is reaf nitodáie é | Is (mreoierfi) é |
| is _____ é | is _____ é | Is FEIRMEOIR é |

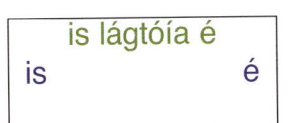

81

AT4 : Scríobh

2. Amharc ar na léaráidí thíos agus scríobh an abairtí cheart ón liosta 1-8 taobh leis an léaráid. Tá sampla déanta duit.

Díolann sé earraí leis an phobal.

1. Bíonn sí ag obair in oifig agus clóscríobhann sí litreacha.
2. Fógann sé bainne ar leac an dorais.
3. Tugann sé/sí aire do dhaoine atá tinn.
4. Deisíonn sé carranna i ngaráiste.
5. Díolann sé earraí leis an phobal.
6. Bíonn litreacha agus cártaí poist ina mhála aige.
7. Glacann sé orduithe i mbialann.
8. Téann tú chuige nuair a bhíonn bearradh gruaige de dhíth ort.

AT4 : Scríobh

3. Review the sample horoscopes (AT3 Léamh Ceist 5) agus write one for either of the zodiac signs below. Déan an obair ar ríomhaire agus bain úsáid as graificí a léiríonn na comharthaí.
Complete the exercise using a P.C. and support with appropriate graphics (i.e Zodiac signs).

An tUisceadóir: 21 Eanáir - 19 Feabhra
(Aquarius)
_____
_____
_____
_____
_____
_____

An Cúpla: 22 Bealtaine - 21 Meitheamh
(Gemini)
_____
_____
_____
_____
_____
_____
_____

AT4 : Scríobh

5. Léigh na cuntais thíos agus ansin scríobh do cheann féin faoi chara leat nó duine clúiteach éigin.

Read these short passages about Katie Melua and a school friend and then write a similar one about a friend or someone famous. Try to give **10-12** pieces of information.

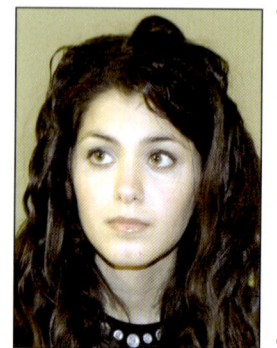

- Is amhránaí í Katie Melua.
- Rugadh i Georgia, na Rúise í sa bhliain 1985.
- Tháinig sí go hÉirinn sa bhliain 1894 agus chuaigh sí ar scoil i mBéal Feirste idir 1995 agus 1999.
- Is dochtúir a athair agus bhí sé ag obair san Ospidéal Ríoga i mBéal Feirste.
- Tá deartháir amháin aici.
- Is duine cairdiúil, dóighiúil í.
- Bhí spéis mhór aici sa cheol nuair a bhí sí ar scoil agus nuair a d'fhág sí an scoil chuaigh sí chuig Scoil Ceoil Paul Mc Cartney.
- Anois is amhránaí clúiteach í agus bhí sí ag uimhir a haon sna cairteacha lena halbam "Call off the search."

_____
_____
_____
_____
_____
_____
_____
_____

AT4 : Scríobh

Mo Chara Scoile

Sorcha Ní Cheallaigh an t-ainm atá ar mo chara scoile. Tá sí trí bliana déag d'aois agus is girseach scoile í. Tó cúigear ina teaghlach - tá beirt dheirfiúracha aici. Is í Sorcha an duine is sine. Is tógálaí a athair agus is rúnaí a mamaí. Tá sí ina cónaí in Aontroim. Is girseach cliste, tuisceanach fial í. Is breá léi éadaí faiseanta. Tá spéis mhór aici sa spórt agus sa cheol. Ba mhaith léi bheith ina banaltra lá éigin.

scríobh do chuntas féin!

AT4 : Scríobh

Obair Ghrúpa.

Divide into four groups. Each group carries out a survey within the class using one of the questions listed below and records the response using a computer based programme to display the results in bar/pie charts. Your teacher will help you with the exercise.

Grúpa 1:
Base your survey on the question: Cad é an dath atá ar do shúile? and use a data base to display the results.

Grúpa 2:
Base your survey on the question: Cad é an dath atá ar do chuid gruaige? and use a data base to display the results.

Grúpa 3:
Carry out a survey about pets, recording the number of pupils in your class who have pets and what type of pet they have. Ask the questions : An bhfuil peata agat ? and Cad é tá agat mar pheata? Use a pie chart/data base to display these results.

Grúpa 4:
Conduct a class survey to find out the most popular hobbies ar pastimes among the members of your class group. Use the question Cad é an caitheamh aimsire is fearr leat? Again break down the data under headings i.e. Peil, Ceol, Cluichí ríomhaire srl.

Use a pie chart/data base to display these results.

Liosta focal

1. **Gaolta** — **Relations**

Aintín	aunt
M'aintín	my aunt
Athair	father
M'athair	my father
Athair mór	grandfather
M'athair mór	my grandfather
Bean chéile	a wife
Col ceathrair	a cousin
Col ceathracha	cousins
Daidí	daddy
Mo dhaidí	my dad
Deartháir	a brother
Deartháireacha	brothers
Deirfiúr	a sister
Deirfiúracha	sisters
Fear céile	husband
Iníon	daughter
Mac	son
Mamaí	mammy
Mo mhamaí	my mum
Máthair	mother
Mo mháthair	my mother
Máthair mhór	grandmother
Mo mháthair mhór	my granny
Uncail	uncle
M'uncail	my uncle

2. **Aidiachtaí** — **Adjectives**

Ard	tall
Beag	small
Bródúil	proud
Cainteach	talkative
Cairdiúil	friendly
Ceanndána	stubborn
Ciallmhar	sensible
Cliste	clever
Clúiteach	famous
Dícheallach	hard working
Dóighiúil	good looking
Faiteach	shy
Falsa	lazy
Fial	generous
Fiosrach	inquisitive
Greannmhar	funny
Néata	neat
Óg	young
Ramhar	fat
Sean	old
Tanaí	thin

AT4 : Scríobh

| Duine dhéag | eleven people |
| Dáréag | twelve people |

9. Abairtí eile — *other phrases*

An duine is óige	the youngest
An duine is sine	the eldest
Bearradh gruaige	a haircut
Bí cúramach	be careful
Bialann	a restaurant
Dáta breithe	date of birth
Deisíonn sé	he mends / fixes
Eadaí faiseanta	fashionable clothes
Earraí	goods
Eochair tí	a house key
Is binn liom	I love
Is breá liom	I like / love
Is cuma liom	I don't mind
Is maith liom	I like
Is fearr liom	I prefer
Is fuath liom	I hate
Leac an dorais	the doorstep
Ní maith liom	I don't like
Rugadh mé	I was born
Seoladh baile	home address
Tabhair aird ar…	pay attention to …
Tabhair aire do…	take care of ….
Tógadh mé	was reared
Uimhir shona	lucky number

10. Caitheamh Aimsire — *Hobbies / pastimes*

Camógaíocht	Camogie
Cispheil	Basketball
Eitpheil	Volleyball
Haca	Hockey
Iascaireacht	Fishing
Iománaíocht	Hurling
Leadóg	Tennis
Leadóg Thábla	Table Tennis
Líonpheil	Netball
Peil	Football
Peil Ghaelach	Gaelic
Reathaíocht	Running
Rothaíocht	Cycling
Rugbaí	Rugby
Snámh	Swimming
Snúcar	Snooker

AONAD 4: SIOPAÍ AGUS SEIRBHÍSÍ POIBLÍ

AT1 : Éisteacht

1. Scairteann bean ar an ollmhargadh agus fágann sí ordú. Éist léi agus ansin freagair na ceisteanna thíos/roghnaigh an freagra ceart.

A. Cé tá ag cur scairte ar an ollmhargadh ? Cuir fáinne thart ar an fhreagra ceart.

    Bean Uí Dhónaill   Bean Mhic Aoidh
    Bean Mhic Ghabhann   Bean Uí Bhaoill.

B. Cuir fáinne thart ar thrí rud a iarrann sí

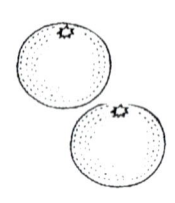

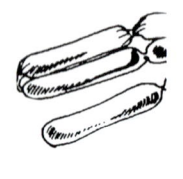

C. Tá   arán donn
         arán bán
         arán baile   de dhíth uirthi

D. Which day does she want the goods delivered?
- Déardaoin
- Dé hAoine
- Dé Sathairn

2. Labhraíonn a mhamaí le Séan maidin amháin sa chistin. Éist léi agus ansin freagair na ceisteanna thíos/roghnaigh an freagra ceart.

A. Tá máthair Shéain ag dul
- Ag obair
- Ar aifreann
- Ag siopadóireacht

AT1 : Éisteacht

B. Cuir fáinne thart ar dhá rud thíos atá de dhíth uirthi

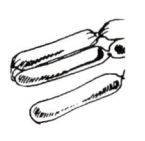

C. Beidh　　thart ar　9　10　11　a chlog.

D. She expects the bill to be about
　　　　£8.10　　　　£8.30　　　　£8.50

E. Where does she leave the money?

3. Cluineann tú cnag ar an doras go luath ar maidin. You hear a knock at the door and overhear a conversation. Éist leis an chomhrá agus ansin freagair na ceisteanna thíos/ roghnaigh an freagra ceart.

A. Cé tá ag an doras? Cuir fáinne thart ar an phictiúr ceart.

B. Tá litreacha ann do
　• Bhrian
　• Úna
　• Bhean Uí Néill

C. Tá breithlá ag
　• Úna
　• Brian
　• Bean Uí Néill

D. Tá　2　　3　　4　　chárta breithlae ann.

AT1 : Éiteacht

4. **Is tiománaí tacsaí d'athair agus tagann scairt gutháin chuig an teach maidin amháin.** Someone phones for a taxi one morning. Listen to the recording and then underline the **three** statements below which are true.

Séamas Mac Mathúna is the taxi driver's name.

Séamas lives in Antrim.

He has a hospital appointment.

He has to be there for 10.45.

He wants a taxi back at 2.00 p.m.

He will wait for the taxi at the gate at 10.45.

5. **Cluineann tú an comhrá seo i mbialann. Éist leis agus ansin freagair na ceisteanna thíos/roghnaigh an freagra ceart.**

A. Tá   (1)   Iasc agus sceallóga
           (2)   Borgaire agus sceallóga
           (3)   Sicín agus sceallóga   mar phláta an lae

B. Tá   £1.65   £1.70   £1.75   ar an sú glasraí

C. Níl   Milseog   Císte   nó   Iasc   ar bith fágtha.

D. The first person wants

AT1 : Éisteacht

6. Cluineann tú na fógraí seo a leanas ar an raidió. Éist leo agus ansin freagair na ceisteanna i do leabhar.
You hear these announcements on the radio. Listen and then answer the questions below.

A.

1. When did this accident happen?
2. How many people were injured?
3. Where is the lorry driver from?.
4. What was the weather like when the accident happened? Make one point.

B. Líon na bearnaí sna habairtí thíos. Fill in the information gaps below.
1. Beidh an leabharlann oscailte go mall tráthnóna _____ agus tráthnóna _____
2. Druidfidh sí ar _____ i.n. Dé Sathairn.
3. Ní bheidh an leabharlann oscailte _____

C. Éist leis an ghiota seo agus ansin freagair na ceisteanna thíos / roghnaigh an freagra ceart.
1. Cé tá ar stailc? Cuir tic sa bhosca leis an learaid chuí

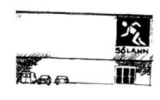

2. Ní bheidh seirbhís ar bith idir _____ agus Cúil Raithin.
3. Beidh traenacha go Baile Átha Cliath Dé Máirt ar _____ agus arís ar _____.

AT2 : Labhairt

1. Amharc ar na léaráidí, roghnaigh trí cinn agus cuir ceist ar do chara "Cad é an cineál siopa é?"
Tá cuidiú le fáil ón liosta ag bun an leathanaigh.

Siopa búistéara, Siopa Ceoil, Siopa Éadaí , Siopa Glasraí, Siopa Bróg, Siopa Nuachtán, Ollmhargadh, Oifig an Phoist, Siopa Peataí, Siopa Ceimiceora.

AT2 : Labhairt

2. Amharc ar na léaráidí thíos, roghnaigh 3 cinn agus cuir an cheist ar do chara "Cé hé an duine sin?"
Tá liosta ag bun an leathanaigh le cuidiú leat.

Fear Dóiteáin, Búistéir, Cócaire, Fear an Phoist,
Freastalaí, Meicneoir, Maor Tráchta,
Fear an Bhainne, Banaltra, Tógálaí.

AT2 : Labhairt

3. Amharc ar na daoine thíos agus fiafraigh de do chara cad é a dhíolann sé/sí. Bain úsáid as na habairtí samplacha.

Look at the images below and ask your partner what he/she sells. Use the sample phrases.

A. Cad é a dhíolann an búistéir?

Díolann an búistéir feoil, ispíní, sicín, griscíní, turcaí, agus uibheacha.

B. Cad é a dhíolann fear an ollmhargaidh?

Díolann fear an ollmhargaidh bainne, tae, prátaí agus bia reoite.

C. Cad é a dhíolann fear an tSiopa Ceoil?

Díolann sé dlúthdhioscaí, albaim, fiseáin, postaeir agus éarlaisí ceoil.

AT2 : Labhairt

4. To ask for an item in a shop we might say
"Ba mhaith liom uachtar reoite."

Or
"Tabhair dom mála bhrioscáin phrátaí, le do thoil."

Anois roghnaigh 3 cinn de na hearraí thíos agus iarr iad ar do chara. Ask your partner for **3** of the items below.

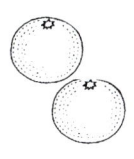

5. To ask how much something costs we say;
Cá mhéid atá ar sin?

Seo roinnt samplaí
A. Cá mhéid atá ar iasc agus sceallóga?

£3.50

Tá trí phunt caoga ar iasc agus sceallóga.
B. Cá mhéid atá ar bhuilín aráin?

£0.79

Tá naoi bpingin is seachtó ar bhuilín aráin.

AT2 : Labhairt

C. Cá mhéid atá ar channa Coke?

£0.45

Tá cúig phingin is daichead ar channa Coke

D. Cá mhéid atá ar phéire bróg?

£35.00

Tá cúig phunt is tríocha ar phéire bróg.

Anois amharc ar na hearraí thíos, roghnaigh 3 cinn agus cuir an cheist ar do chara:
Cá mhéid atá ar sin?

£19.99   £49.50   £40.00   £12.99

£15.00   £0.40   £30.00   £1.60

AT2 : Labhairt

6A. You are in a supermarket. Your friend plays the part of the shopkeeper and speaks first.

Dia duit. An dtig liom cuidiú leat?
Say that you would like bread.
Arán bán nó arán donn?
Say "Brown bread, please."
Ar maith leat rud ar bith eile?
Ask for a pound of tomatoes.
Seo duit.
Ask how much is that
Sin dhá phunt caoga, le do thoil.
Say "Here's £5. Thank you."
Agus seo duit an briseadh. Go raibh maith agat.

6B. You are in a Clothes Shop. Your friend plays the part of the shopkeeper and you speak first.

Greet the shopkeeper.
Shopkeeper replies.
Say that you would like a jacket
Shopkeeper asks what colour you would prefer.
Say "black or grey"
Shopkeeper asks what size.
You say small, please.
Shopkeeper says "Here's a black jacket."
You ask how much it is.
Shopkeeper replies "£55."

AT2 : Labhairt

6C. While on holiday in Donegal you visit a local leisure centre. Your friend plays the part of the receptionist and you speak first.

Greet the receptionist.
Dia is Muire duit.
Ask if the swimming pool is open.
Níl, ach beidh sé oscailte tráthnóna.
Ask what time the pool will open.
Beidh sé oscailte ó 2.30 go dtí 8.00.
Ask how much it costs.
Dhá phunt caoga in aghaidh na huaire.
Say that you will be back at three.
Slán go fóill. Go raibh maith agat.

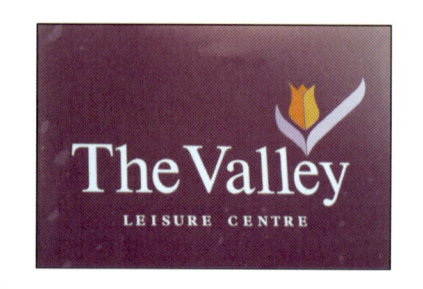

The Valley
LEISURE CENTRE

6D. You are in a train station in Dublin. Your friend plays the part of the ticket clerk and you speak first.

Greet the ticket clerk.
Ticket clerk responds to greeting.
Explain that you want a train ticket.
Ticket clerk asks where you are going.
Say that you want a ticket for the Belfast train.
Clerk asks if you want a single or return ticket.
Ask how much a single ticket costs.
Ticket clerk replies "£12.50."
Say that you will take the single.

AT2 : Labhairt / Scríobh

**7. Amharc ar an tsraith pictiúr agus le cuidiú ó do chara inis an scéal faoi "Lá ag Siopadóireacht."
Scríobh cóip den scéal ar do ríomhaire. Cuir do léaráidí féin leis** (Use Clip Art to insert some graphics)

At3 : Léamh

1. Ceangail na léaraidi/grianghrafanna leis an lipéad cuí ón liosta ag bun an leathanaigh. Scríobh an uimhir sa bhosca taobh le gach léaráid. Tá sampla déanta duit.

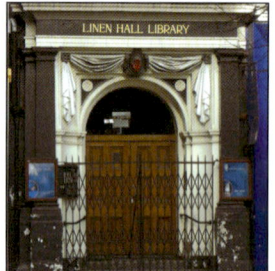

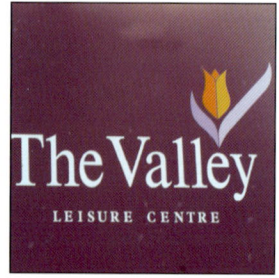

| 5 | Páirc Eachtra |

1. Leabharlann
2. Busáras
3. Stáisiún Traenach
4. Sólann
5. Páirc Eachtra
6. Halla na Cathrach
7. Oifig an phoist

AT3 : Léamh

2. Cuardaigh na focail a théann leis na learaidí sa mhollgra thíos. Scríobh isteach faoin phictiúr chuí iad.

Search in the grid for the words and then write each one below the correct image.

R	I	Ó	D	A	E	R	I	A	U	E
O	D	U	L	D	O	I	R	U	T	T
W	T	C	A	S	T	M	A	F	A	I
A	U	H	M	P	R	G	C	D	B	O
O	E	N	A	R	Ó	E	I	O	R	E
P	T	I	D	R	N	A	G	F	O	R
N	A	Á	B	L	C	A	S	Ó	G	R
Í	C	E	B	I	N	H	D	R	H	A
C	I	S	P	Í	N	Í	A	E	D	T
I	U	L	É	I	N	E	A	R	L	H
S	R	I	H	U	W	B	O	S	R	C
B	A	M	U	L	I	O	E	F	T	A
C	E	I	R	F	Á	I	P	Z	X	U

AT3 : Léamh

3. Seo liosta praghasanna atá le feiceáil san ollmhargadh. Léigh é agus ansin cuir X le ráitis nach bhfuil fíor. Tá sampla déanta duit.

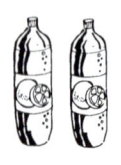

1. Tá daichead pingin ar phunt de phrátaí úra.
2. Tá cúig phingin is seachtó ar leathphunt ispíní.
3. Tá nócha pingin ar leathdhosaen uibheacha.
4. Tá punt tríocha a cúig ar bhosca mór calóga arbhair.
5. Tá ochtó pingin ar phunt trátaí.
6. Tá ocht bpingin is caoga ar leitis.
7. Tá naoi bpingin is seachtó ar bhuilín aráin.
8. Tá punt is deich bpingin ar bhuidéal mór liomanáide.

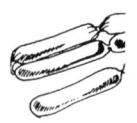

A. A lettuce costs 27p.   X

B. New potatoes are 40p per pound.

C. A large bottle of lemonade costs £1.

D. Half a dozen eggs can be bought for 90p.

E. Sausages cost 75p for half a pound.

F. A loaf of bread costs 89p.

G. A box of Cornflakes can be bought for £1.25.

AT3 : Léamh

4. Léigh na fógraí thíos agus ansin freagair na ceisteanna a leanann iad/roghnaigh an freagra ceart.

A.

Ní bheidh seirbhís bus idir Droichead Átha agus Baile Átha Cliath Dé hAoine 13 Bealtaine ón seacht ar maidin go dtí a naoi tráthnóna. Beidh féile ceoil ar siúl taobh amuigh de Dhroichead Átha an lá sin. Beidh na bóithre uilig sa bhaile dúnta ó 7.30 agus fanfaidh siad druidte go dtí a sé tráthnóna. Beidh seirbhís traenach ar fáil óna hocht ar maidin go dtí a cúig tráthnóna.

1. Ní bheidh _____ ar fáil.

2. Beidh na busanna ar ais ar _____ tráthnóna.

3. Beidh féile _____ ar siúl.

4. Beidh na bóithre dúnta go dtí   6.00,   7.30,   9.00 an tráthnóna sin.

5. Beidh an chéad traein ann ar _____ ar maidin.

AT4 : Scríobh

1. Cuir an lipéad ceart ón liosta ag bun an leathanaigh ar gach ceann de na léaraidí thíos.

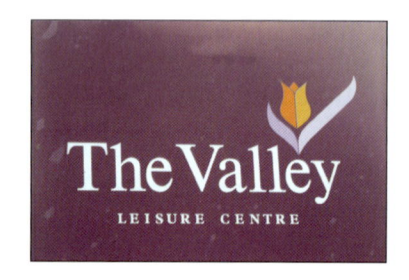

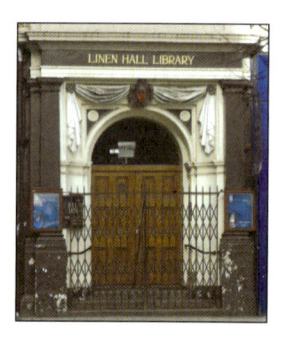

....

....

....   Sólann
Stáisiún traenach
Busáras
Leabharlann
Oifig an phoist
Halla na Cathrach

AT4 : Scríobh

3. Scríobh amach luach na n-earraí sna léaráidí thíos. Tá sampla déanta duit.

*   £0.45   £39.99

£0.75   £0.65

£1.50   £40.00

£12.99   £1.25

Sampla:
*Tá cúig phingin is daichead ar channa Coke

AT4 : Scríobh

4. Déan liosta de chúig rud a cheannaíonn tú sna siopaí thíos. Tá sampla déanta duit. List 5 items that can be bought in each of the shops below. An example has been done for you.

1. Bainne
2. Calóga arbhair
3. Púdar níocháin
4. Builín aráin
5. Cannaí pónairí

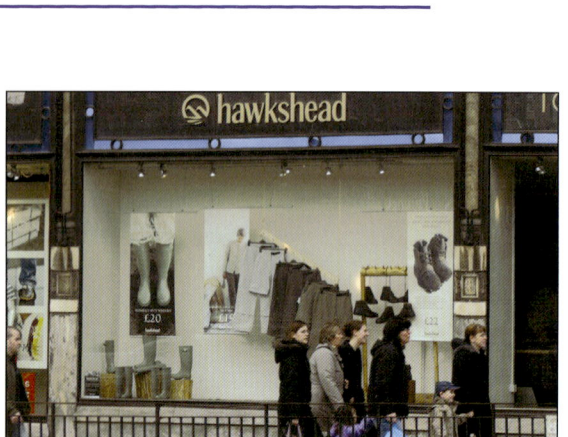

_____
_____
_____
_____
_____

_____
_____
_____
_____
_____

_____
_____
_____
_____
_____

_____
_____
_____
_____
_____

AT4 : Scríobh

5. Scríobh amach liosta don ollmhargadh do shiopadóireacht na seachtaine. Tá tús curtha leis.
Write out a shopping list for the supermarket.
A few sample items have been put on the list.

1. punt ime
2. 5 channa pónairí
3. bosca mór púdar níocháin
4. bosca mór calóga arbhair
5. _____
6. _____
7. _____
8. _____
9. _____
10._____

6. Tá do thuismitheoirí sa bhaile agus tá tú i mbun an tí. Fág nóta do do dheartháir agus an t-eolas seo thíos ann.
Tell him to

- go to the shops.
- buy bread and milk.
- Get a packet of sausages in thesupermarket.
- Say that there is £10 on the kitchen table.

AT4 : Scríobh

7. Amharc ar an dá phictiúr thíos, roghnaigh ceann amháin agus scríobh roinnt abairtí faoi. Cuideoidh na habairtí ar an chéad leathanach eile leat.

AT4 : Scríobh

7. Seo roinnt abairtí le cuidiú leat.

Ag amharc ar na héadaí	looking at the clothes
Ag roghnú T-léine	choosing a T-shirt
Ag triail culaithe	trying on a suit
Tá cúig phunt déag ar na léinte	the shirts cost £15
Fear ard caol atá ann	he is a tall, slim man
Fear meánaosta atá ann	he is a middle-aged man
Ag ceannach úll	buying apples
Ag ceannach trátaí	buying tomatoes
Ag meá torthaí	weighing fruit
Tá ciseáin ar iompar acu	they are carrying Baskets

Liosta focal

6. **Siopa Éadaigh**   **Clothes Shop**
   - blús — a blouse
   - bríste — trousers
   - bríste géine — jeans
   - carbhat — a tie
   - casóg — a jacket
   - cóta — a coat
   - culaith — a suit
   - geansaí — a sweater
   - gúna — a dress
   - léine — a shirt
   - sciorta — a skirt
   - stócaí — socks

7. **Siopa Glasraí**   **Greengrocer's**
   - bananaí — bananas
   - beacháin — mushrooms
   - cabáiste — a cabbage
   - cóilis — a cauliflower
   - léitis — a lettuce
   - meacain dhearga — carrots
   - oinniúin — onions
   - oráiste — an orange
   - oráistí — oranges
   - prátaí — potatoes
   - piobar dearg — a red pepper
   - piobar glas — a green pepper
   - piseanna — peas
   - pónairí — beans
   - tornapa — a turnip
   - úll — an apple
   - úlla — apples

8. **Siopa Nuachtán**   **Newsagent's**
   - cannaí / deochanna — cans / drinks
   - barraí seacláide — bars of chocolate
   - brioscáin phrátaí — potato crisps
   - greannáin — comics
   - guma coganta — chewing gum
   - irisí — magazines
   - milseáin — sweets
   - nuachtáin — newspapers
   - tobac — tobacco
   - todóga — cigars
   - toitíní — cigarettes
   - uachtar reoite — ice cream

Liosta focal

9. **Siopa Peataí** — **Pet Shop**
   - cat — a cat
   - coinín — a rabbit
   - coileán — a puppy
   - éan — a bird
   - iasc órga — a goldfish
   - luchóg — a mouse
   - madadh — a dog
   - pearóid — a parrot
   - toirtís — a tortoise

10. **Siopa Póitigéara** — **Pharmacy / Chemist Shop**
    - bindealán — a bandage
    - buidéal leighis — a bottle of medicine
    - cíor — a comb
    - cumhrán — perfume
    - dathú béil — lip stick
    - gallúnach — soap
    - piollaí — tablets
    - scuab fiacla — tooth brush
    - smideadh — make up
    - taos fiacla — tooth paste

11. **Siopa Seodóra** — **Jeweller's Shop**
    - braisléad — a bracelet
    - clog — a clock
    - fáinne — a ring
    - fáinne airgid — a silver ring
    - fáinne óir — a gold ring
    - fáinní cluaise — earrings
    - seodra — jewellery
    - slabhra — a chain
    - uaireadóir — a watch

12. **Siopa Spóirt** — **Sports' Shop**
    - bata haca — a hockey stick
    - bata leadóige — tennis racket
    - bata leadóg thábla — table tennis bat
    - bróga reatha — track shoes
    - bróga peile — football boots
    - camán — a hurl
    - cuaillí snúcair — snooker cues
    - culaith reatha — a track suit
    - culaith shnámha — a swimsuit
    - eangach — a net
    - eangach cispheile — a basketball net
    - geansaí peile — a football jersey
    - liathróid leadóige — a tennis ball
    - liathróid peile — a football

Liosta focal

liathróid rugbaí	a rugby ball
mála spóirt	a sports' bag
slat iascaigh	a fishing rod
tábla snúcair	a snooker table
trealamh spóirt	sports' equipment

13. Oifig an Phoist — Post Office

beart	a parcel
ceadúnas teilifíse	a television licence
stampa	a stamp
stampa teileafóin	a telephone stamp
stampa leictreachais	an electricity stamp
litir	a letter
ltireacha	letters
cártaí breithlae	birthday cards
cártaí poist	postcards

14. Daoine — People

báicéir	a baker
banaltra	a nurse
bean an tsiopa	the shopkeeper (female)
búistéir	a butcher
cúntóir siopa	a shop assistant
custaiméir	a customer
dochtúir	a doctor
fear an bhainne	the milkman
fear dóiteáin	a fireman
fear an ghuail	the coalman
fear an phoist	the postman
fear an tsiopa	the shoopkeeper (male)
fiaclóir	a dentist
freastalaí	a waiter
garda	a guard
grósaeir	a grocer
gruagaire	a hairdresser
maor tráchta	a traffic warden
meicneoir	a mechanic
nuachtánaí	a newsagent
poitigéir	a pharmacist
seodóir	a jeweller
siopadóir	a shopkeeper
tiománaí bus	a bus driver
tiománaí cairr	a car driver
tiománaí leoraí	a lorry driver
tiománaí tacsaí	a taxi driver
tiománaí traenach	a train driver

Aonad 5: Saol na Scoile

AT1 : Éisteacht

1. Tugann an múinteoir orduithe don rang. Éist agus ansin ceangail ainm an scoláire leis an léaráid chuí.
Listen to the recording and link the correct name to the matching illustration.

(1)   Seán
(11)   Una
(111) Eibhlín
(iv)   Pól
(v)   Peadar

AT1 : Éisteacht

2. Labhraíonn beirt chara faoina gclár ama. Éist leis an chomhrá agus ansin roghnaigh an freagra cuí:

A. Is fearr le Nóra   : An Luan
                                : An Mháirt
                                : An Déardaoin

B. Cuir fáinne thart ar an dá ábhar a bhíonn ag Nóirín an lá sin

C. Is fearr le Brian   : An Luan
                                : An Mháirt
                                : An Déardaoin

D. Cuir fáinne thart ar an dá ábhar nach maith le Brian.

AT1 : Éisteacht

3. Labhraíonn cara leat faoina scoil úr. Éist leis an chomhrá agus cuir tic le 4 ráiteas atá fíor.

A. Tá sé ag freastal ar Ardscoil. ☐
B. Tá sé ar scoil i mBaile Átha Cliath. ☐
C. Tá sé sa dara bliain. ☐
D. Tá 24 sa rang s'aige. ☐
E. Bíonn 10 rang aige gach lá. ☐
F. Críochnaíonn an scoil ar 3.30. ☐
G. Is maith leis Eolaíocht agus Stair. ☐
H. Is fuath leis Teicneolaíocht. ☐

4. Éist leis na teachtaireachtaí seo a leanas agus scríobh an t-am ceart 1-5 leis an imeacht a luaitear. Tá sampla déanta duit. Listen to the recording and write the time you hear beside the matching image.

3.20

1. 3.45   2. 12.45   3. 11.05   4. 2.05   5. 3.20

AT1 : Éisteacht

5. Cluineann tú an comhrá seo agus tú in Oifig an Rúnaí. Éist leis agus ansin roghnaigh an freagra ceart nó líon na bearnaí thíos.

A. Is é an tUasal Mac Suibhne an cigire le
   Mata   Fraincis   Béarla

B. Tá an tUasal Ó Néill ag teagasc Rang   2,   3,   4.

C. Tá Seomra an Bhéarla ar an   1,   2,   3,   urlár.

D. Tiontaíonn tú   ⇦   ⇨   ag barr an staighre.

E. Tá uimhir   3,   4,   5   ar dhoras sheomra an Bhéarla

AT2 : Labhairt

3. Now ask your friend what subjects he/she does.
Cad iad na hábhair a dhéanann tú ar scoil?

Amharc ar na léaráidí thíos agus ceangail an lipéad ceart ón liosta ag bun an leathanaigh le gach ceann de na léaráidí.

1. Tíreolaíocht.
2. Eolaíocht.
3. Béarla.
4. Teagasc Críostaí.
5. Stair.
6. Gaeilge.
7. Mata.
8. Corpoiliúint.
9. Spáinnis.
10. Fraincis.
11. Drámaíocht.
12. Teicneolaíocht an Eolais.

Anois déan na hábhair seo thuas a fhoghlaim!

AT2 : Labhairt

4. Now ask your friend which subject he/she prefers.
   Cén t-ábhar scoile is fearr leat?

Seo roinnt freagraí samplacha.
Is mise Síle. Is maith liom Mata agus Fraincis ach is fearr liom Ealaín.

Is maith liom teangacha ach is fearr liom Teicneolaíocht.

Is mise Pól. Is maith liom gach ábhar ach is fearr liom corpoiliúint agus an reathaíocht go háirithe (especially running).

Anois cuir an cheist "Cén t-abhar scoile is fearr leat?" Freagair an cheist chomh maith!

AT2 : Labhairt

5. Ask your friend how he/she comes to school every day
Cad é mar a thagann tú chun na scoile gach lá?

Seo roinnt freagraí Samplacha

Siúlaim ar scoil le mo chara.

Tagaim chun na scoile ar an traein.

Faighim síob chun na scoile le mo thuismitheoirí.

Tagaim ar scoil ar an bhus.

Tagaim chun na scoile ar mo rothar.

Anois cuir agus freagair an cheist!

AT2 : Labhairt

6A. Now ask your partner what time school starts.
Cén t-am a dtosaíonn an scoil s'agatsa ar maidin?

Seo roinnt freagraí samplacha

Tosaíonn an scoil s'agamsa ar cheathrú go dtí a naoi. `8.45`

Tosaíonn an scoil s'agamsa ar deich i ndiaidh a naoi. `9.10`

Is ar fiche i ndiaidh a naoi a thosaíonn an scoil s'agamsa. `9.20`

6B. Ask him / her what time school finishes.
Cén t-am a gcríochnaíonn an scoil s'agatsa?
Seo roinnt freagraí samplacha

Críochnaíonn an scoil s'agamsa gach lá ar cheathrú i ndiaidh a trí `3.15`

Críochnaíonn an scoil s'agamsa gach lá ar leath i ndiaidh a trí `3.30`

Críochnaíonn an scoil s'agamsa gach lá ar cheathrú go dtí a ceathair `3.45`

6C. Now ask what time is lunch.
Cén t-am a mbíonn am lóin ann?
Freagraí Samplacha

Bíonn am lóin ann ar leath i ndiaidh a dó dhéag `12.30`

Bíonn lón againn ar a haon a chlog. `1.00`

Ithim mo lón gach lá ar ceathrú i ndiaidh a haon. `1.15`

Anois cuir agus freagair na ceisteanna thuas!

AT3 : Léamh

1. Ceangail an lipéad ceart 1-10 ón liosta ag bun an leathanaigh le gach ceann de na léaráidí thíos.

Clog 2. Féilire 3. Osteilgeoir 4. Bosca cailce 5. Léarscáil 6. Radaitheoir 7. Bosca bruscair 8. Téipthaifeadán 9. Mála scoile 10. Cófra.

AT3 : Léamh

2 Amharc ar na léaráidí thíos agus ceangail na horduithe ranga 1-9 le gach ceann acu.

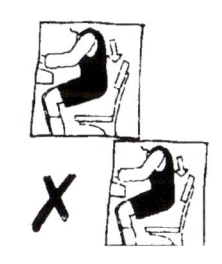

1. abraígí arís é
2. tabhair dom peann luaidhe.
3. múch an solas
4. oscail an doras
9. ná suígí síos

5. na bígí ag caint
6. éist leis an téip
7. glan an clár dubh
8. las an solas.

AT3 : Léamh

3. Ceangail an lipéad ceart ón liosta 1-9 ag bun an leathanaigh le gach ceann de na seomraí sna léaráidí.

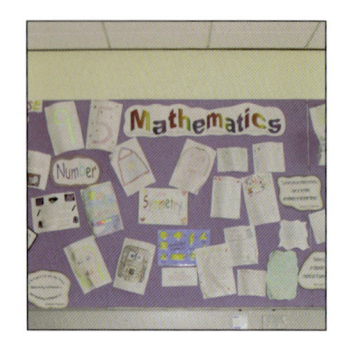

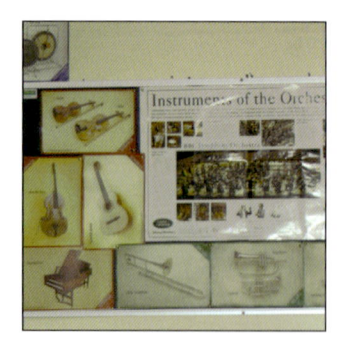

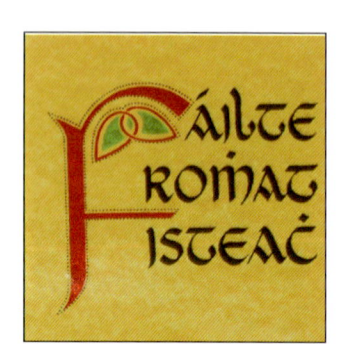

1. Seomra na Teicneolaíochta
2. Seomra Teicneolaíocht an Eolais
3. Seomra na hEalaíne
4. Seomra an Cheoil
5. Seomra an Bhéarla
6. Seomra na Gaeilge
7. An Seomra Mata
8. Seomra na Tíreolaíochta
9. Seomra na hEolaíochta.

AT3 : Léamh

4. Amharc ar na fógraí agus ansin líon isteach na béarnaí/roghnaigh an freagra cuí thíos.

(1) Siúlaigí ar clé

(2) Slí Amach

(3) An HALLA TIONÓIL

(4) FÁILTE CHUIG ARDSCOIL MHUIRE

(5) Ní raibh Úna ar scoil Dé hAoine mar bhí scrúdú ceoil le déanamh aici.

(6) Bhí Seán as láthair Dé Luain agus Dé Máirt mar bhris sé a chos ag imirt peile Dé Domhnaigh.

(7) Ní bheidh Aine ar scoil amárach mar tá sí ag dul go Baile Átha Cliath chuig comórtas rince.

A. Which notice indicates the exit? Uimhir
B. Which notice welcomes people to the school? Uimhir

C. Beidh Áine ag

i mBaile Átha Cliath.

D. Chaill Seán   2,   3 ,   4,   lá nuair a bhris sé a

AT3 : Léamh

5. Seo thíos sliocht as dialann obair baile. Léigh an t-eolas agus ansin líon isteach na bearnaí sna habairtí seo a leanas.

Seachtain dár tús 3 Meán Fómhair

BÉARLA: Léigh caibidil a haon de "Animal Farm" agus déan 5 phointe sa leabhar nótaí don Chéadaoin.

GAEILGE: Freagair ceisteanna 1-4 , scríobh na freagraí sa leabhar saothair don Aoine.

TÍREOLAÍOCHT: Tabhair isteach cúig phunt don turas lae go hArd Mhacha (6 Deireadh Fómhair)

FRAINCIS: Foghlaim an liosta focal don teach don lá amárach. (Dé Chéadaoin)

EALAÍN: Tarraing pictiúr de do sheanathair nó de do pheata (don Luan)

A. Tá _____ agus _____ le déanamh mar obair baile don Chéadaoin.

B. Beidh turas lae go _____ ann ar _____

C. Tá an obair baile don Bhéarla le bheith déanta don _____.

D. Tá obair baile don _____ le déanamh don Luan.

AT3 : Léamh

6. Léigh an litir seo thíos agus ansin roghnaigh an freagra ceart/líon isteach na bearnaí.

> 10, Cnoc an tSéipéil,
> Oileán an Ghuail,
> Dún Geanainn
> 18 Samhain
>
> A Chonaill, a chara,
> Go raibh maith agat as do litir. Tá mé ar scoil nua anois agus tá mé i rang a dó. Is scoil mhór í suite i lár Dhún Geanainn. Tá sé chéad gasúr ar an scoil agus tá cúig ghasúr is fiche i mo rangsa. Tosaíonn an scoil ar fiche i ndiaidh a naoi agus críochnaíonn sí ar fiche do dtí a ceathair. Is maith liom gach ábhar ach is fearr liom Drámaíocht agus Eolaíocht. Imrímid peil gach lá i ndiaidh na scoile. Tá na múinteoirí deas go leor ach bíonn cuid mhór obair bhaile le déanamh gach oíche.
> Chífidh mé thú ag deireadh na míosa.
> Do chara buan,
> Brian

A. Tá Brian i rang 1   2   3.

B. Tá 650,   500,   600   gasúr ag freastal ar an scoil.

C. Tosaíonn an scoil ar maidin ar   9.20,   8.40,   9.00.

D. Imríonn sé   gach lá i ndiaidh na scoile.

E. Críochnaíonn an scoil gach lá ar _____.

AT4 : Scríobh

3. Fág na nótaí seo thíos ar an chlár dubh sa seomra ranga. Leave these notes on the classroom board.

A. The netball/football match after school is cancelled (ar ceal)

_____

_____

_____

_____

B. There will be a cake fair (aonach cístí) in the College Hall at lunchtime on Friday.

_____

_____

_____

_____

C. There will be a quiz (tráth na gceist) for Form 2 pupils at lunchtime on Thursday in the Library.

_____

_____

_____

_____

AT4 : Scríobh

4. A. Cuir ríomhphost chuig do chara (send an e-mail to your friend) **ag míniú an obair bhaile atá le déanamh.**
- Say that the Geography teacher was absent
- Say that you have Irish homework to be done for tomorrow (don lá amárach) in your work books (sna leabhair saothair)
- Say that you have a poem (dán) to learn for English

Chuig _____@hotmail.com_____

Ó _____@hotmail.com_____

Ábhar: Obair baile_____

_____

_____

_____

B. Fág nóta do do chara agus an t-eolas seo thíos ann.
- Say that you have gone home
- Say you have a football match at 4.30
- Say that you will be in the Youth Club tonight
- Say that you will see him / her at the shops at 7.15

AT4 : Scríobh

5. Scríobh amach cóip de do chlár ama féin don Luan agus don Aoine thíos. Líon isteach an t-am, i bhfigiúrí, do gach tréimhse.

Fill in your timetable and times of lessons in the grid below.

	AN LUAN	AN AOINE
Tréimhse 1 Tréimhse 2 Tréimhse 3		
	SOS	SOS
Tréimhse 4 Tréimhse 5 Tréimhse 6		
	AM DINNÉIR	AM DINNÉIR
Tréimhse 7 Tréimhse 8 Tréimhse 9 Tréimhse 10		

AT4 : Scríobh

6. Tá tú ag freastal ar scoil úr agus faigheann tú litir ó do chara sa tseanscoil. Freagair an litir agus líon isteach na bearnaí sa litir thíos.

4, Bóthar na hEaglaise,
Dún Geanainn
26 Deireadh Fómhair 2004

A _____, a chara,

Cad é mar atá an saol agat ? Go raibh maith agat as an chárta breithlae a fuair mé cúpla seachtain ó shin.

_____ an t-ainm atá ar an scoil nua. Tá sí suite i _____. Is scoil _____ í. Tá mé i rang a _____. Tosaíonn an scoil ar maidin ar _____ r.n. agus bíonn _____ rang ann gach lá. Críochnaíonn an scoil ar _____ tráthnóna. Déanaim Gaeilge, Béarla, _____, Fraincis, _____, Mata, _____, _____, agus Tíreolaíocht. Is maith liom _____ agus _____ ach ní maith liom _____. Imrím _____ nó _____ ag am lóin. Tá mé iontach sásta leis an scoil nua. Scríobh ar ais gan mhoill.

Do chara buan_____

Liosta Focal

1. Cinéalacha scoileanna — types of schools

Ardscoil	a high school
Bunscoil	a primary school
Coláiste	a college
Gairmscoil	a vocational school
Meánscoil	a secondary school
Naíscoil	a nursery school
Pobalscoil	a community school
Scoil chuimsitheach	a comprehensive school
Scoil ghramadaí	a grammar school

2. Clár Ama — timetable

Ábhar	a subject
Béarla	English
Ceol	Music
Corpoiliúint	P.E.
Drámaíocht	Drama
Eacnamaíocht Bhaile	H.E.
Ealaín	Art
Eolaíocht	Science
Fraincis	French
Gaeilge	Irish
Gearmáinis	German
Mata	Maths
Ríomhaireacht	Computing
Spáinnis	Spanish
Stair	History
Teagasc Críostaí	R.E.
Teicneolaíocht	Technology
Teicneolaíocht an Eolais	Information Technology
Tíreolaíocht	Geography

3. Seomraí na Scoile — Rooms of the School

An Bhialann	the canteen
An Halla Tionóil	the Sports' Hall
An Leabharlann	the Library
An Seomra Foirne	the Staffroom
An Seomra Ranga	the classroom
Oifig an Phríomhoide	the Principal's office
Oifig an Rúnaí	the Secretary's office
Saotharlann	a laboratory
Seomra an Bhéarla	the English Room
Seomra an Cheoil	the Music Room
Seomra na Drámaíochta	the Drama Room
Seomra na hEalaíne	the Art Room
Seomra na Fraincise	the French Room
Seomra na Gaeilge	the Irish Room
Seomra na Staire	the History Room
Seomra na Teicneolaíochta	the Technology Room
Seomra na Tíreolaíochta	the Geography Room

Liosta Focal

4. An Seomra Ranga — the Classroom

bosca bruscair	a rubbish bin
bosca cailce	a box of chalk
cathaoir	a chair
cathaoireacha	chairs
clár bán	a whiteboard
clár dubh	a blackboard
clár na bhfógraí	notice board
clog	a clock
cófraí	cupboards
deasc	a desk
deascanna	desks
féilire	a calendar
fiseán	a video
learscáil	a map
mála scoile	a schoolbag
osteiligeoir	an overhead projector
radaitheoir	a radiator
seilf	a shelf
seilfeanna	shelves
seinnteoir caisead	a cassette player
seinnteoir dlúthdhioscaí	a CD player
teipthaifeadan	a tape recorder

5. An Modh Ordaitheach — the Imperative Mood

Abair / abraígí	say
Bí / bígí	be
Déan / déanaigí	do
Druid / druidigí	close
Éist / éistigí	listen
Éirigh / éirígí	get up
Foghlaim / foghlaimígí	learn
Freagair / freagraígí	answer
Gabh / gabhaigí	go
Glan / glanaigí	clean
Imir / imrígí	play
Inis dom / Insígí dom	tell me
Las / lasaigí	light
Léigh / léigí	read
Oscail / osclaígí	open
Scríobh / scríobhaigí	write
Seas / seasaigí	stand (up)
Suigh / suígí	sit (down)
Tabhair dom / Tugaigí dom	give me
Taispeáin dom / Taispeánaigí dom	show me
Tar anseo / Tagaigí anseo	come here
Tiontaigh thart /	

Tiontaígí thart	turn around
Tóg / tógaigí	lift
Tosaigh / tosaígí	begin

7. *Abairtí Eile* — *Other phrases*

Amárach	tomorrow
Arú amárach	the day after tomorrow
Aréir	last night
Arú aréir	the night before last
As láthair	absent
Banc na scoile	the school bank
Caibidil	chapter
Camógaíocht	Camogie
An Chéad bhliain	first year
Ceolfhoireann na Scoile	the School Orchestra
Cigire le Béarla	the English inspector
Clár ama	timetable
Clár na bhfógraí	notice board
Cleachtadh peile	football practice
Cluiche líonpheile	netball match/ game
Club Drámaíochta	Drama club
Cór na scoile	the School Choir
Clós na scoile	the school yard
Dara bliain	second year
Is fearr liom	I prefer
Is fuath liom	I hate
Is maith liom	I like
Leabhar nótaí	a note book
Leathanach	a page
Múinteoir ranga	class / form teacher
Ní miste liom	I don't mind
Príomhoide	principal
Rúnaí na scoile	the school secretary
Teachtaireacht	a message
Tríú bliain	third year
Turas scoile	a school trip

Aonad 6:
An Teach / An Baile

AT1 : Éisteacht

1. Cuireann do chara síos ar a teach úr. Éist léi agus ansin roghnaigh an freagra ceart/freagair na ceisteanna thíos.

A. Is
- Teach Sraithe
- Teach Aonair
- Teach Feirme

é

B. Tá an teach suite 2, 3, 4 mhíle ó lár Bhaile Átha Cliath.
C. Tá siad ina gcónaí ann le   3, 4,   5 bliana.
D. Tá _____ sheomra leapa ann.

2. Éisteann tú le do mháthair ag cur síos ar sheomra i dteach comharsan. Your mother describes a neighbour's room. Listen and select the correct options below.

A. Tá an bhean ag cur síos ar
    (1) an chistin
    (2) an seomra teaghlaigh
    (3) an seomra suí

B. Tá an seomra (1) iontach mór
    (2) iontach beag
    (3) measartha mór

C. Tá an   liath.

D. Tá   2,   3,   4,   sa seomra.

AT1 : Éisteacht

3. Cuireann Orla síos ar a teach. Éist léi agus ansin líon isteach na bearnaí sna freagraí thíos/roghnaigh an freagra ceart.

Tá Orla ina cónaí in _____

Tá sí ina cónaí ar urlár a _____

Tá   2,   3,   4   seomra leapa ann.

Is maith / ní maith léi an ceantar.

4. Cluineann tú na fógraí seo ar an raidió. Éist leo agus ansin cuir líne faoi na ráitis thíos atá fíor.
Underline the statements below which are true.

a. The washing machine costs £180.

b. There is a kitchen table and four chairs for sale.

c. The shower costs £500.

d. The single beds cost £100.

e. The goods are on sale in Downpatrick.

f. The contact number given is Downpatrick 32246.

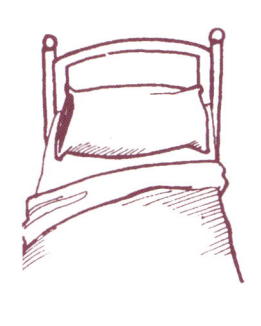

AT1 : Éisteacht

5. Scairteann do chol ceathrair atá ar laethanta saoire faoin tuath. Éist agus ansin freagair, as Gaeilge, na ceisteanna thíos.

A. Cén chontae a bhfuil Áine ag stopadh ann?

B. Cén sórt tí atá ag a huncail?

C. Luaigh dhá ainmhí atá ag an uncail.

D. Cad é atá le feiceáil óna theach ? Luaigh dhá rud.

AT2 : Labhairt

1. Begin by asking your friend where he /she lives.
   Cá háit a bhfuil tú i do chónaí?
   Seo roinnt freagraí samplacha

A. Is mise Síle Ní Néill. Tá mé i mo chónaí i mBeannchor, Contae an Dúin.

B. Eoghan Mac Niallais atá orm agus tá mé i mo chónaí i nDoire.

C. Is mise Úna Nic Suibhne agus cónaím i mBaile Aontroma.

2. Now ask what kind of a house he/she has.
   Cén sórt tí atá agat?
   Seo roinnt freagraí samplacha:

A.
Is mise Áine Ní Bhaoill. Tá mé i mo chónaí i mbungaló.

B.
Is mise Bríd agus tá mé i mo chónaí i dteach aonair.

C.
Is mise Eoghan agus tá mé i mo chónaí i dteach leathscoite

D.
Úna atá orm agus tá mé i mo chónaí i dteach feirme.

E.
Is mise Peadar agus tá mé i mo chónaí in árasán.

AT2 : Labhairt

3. Ask how many rooms there are in the house.
   Cá mhéad seomra atá i do theach?
   Seo roinnt freagraí samplacha
   - Tá dhá sheomra dhéag i dteach Shíle.   (12)
   - Tá naoi seomra i dteach Shéamais.   (9)
   - Tá seacht seomra i dteach Eoghain.   (7)
   - Tá deich seomra i dteach Úna.   (10)
   - Tá seomra dhéag i dteach Bhríde.   (11)

4. Now find out if your friend can name the rooms of the house.
   Ainmnigh seomraí an tí.
   Seo thíos roinnt léaráidí le cuidiú leat.

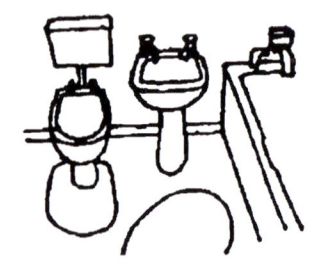

an seomra folctha 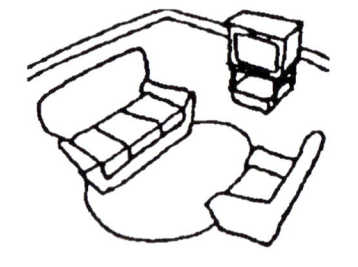   an seomra suí    an seomra bia

an chistin 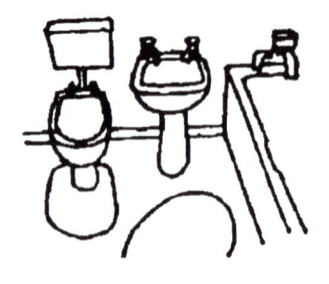   an seomra leapa    an seomra staidéir

AT2 : Labhairt

5. Seo roinnt ceisteanna eile le cur.

Here are some more questions to ask.

A. Cá mhéad seomra leapa (bedrooms) atá ann?

Freagraí samplacha
- Tá trí sheomra leapa ann.   (3)
- Tá ceithre sheomra leapa ann   (4)
- Tá cúig sheomra leapa ann   (5)
- Tá sé sheomra leapa ann   (6)

B. Ask what can be seen in each room.

(1) Cad é ta le feiceáil sa chistin?

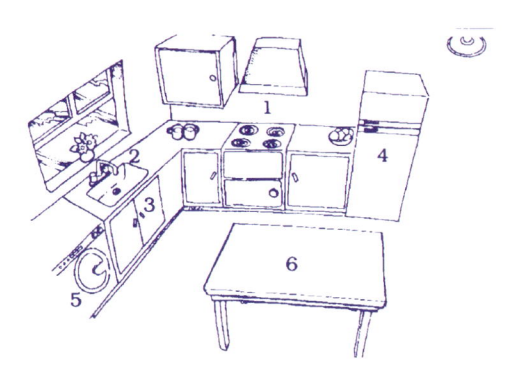

1. Sorn
2. Doirteal
3. cófraí
4. cuisneoir
5. meaisín níocháin
6. tábla

Freagra samplach

Tá doirteal, sorn, cuisneoir agus cófraí le feiceáil ann

(2) Cad é ta le feiceáil sa seomra suí?

1. tolg
2. teilifíseán
3. fístaifeadán
4. lampa
5. teallach
6. radaitheoir
7. leabhragán
8. tine
9. cuirtíní

Amharc ar na léaráidí agus ansin freagair an cheist.

AT2 : Labhairt

B. (3) Cad é ta le feiceáil sa seomra leapa?

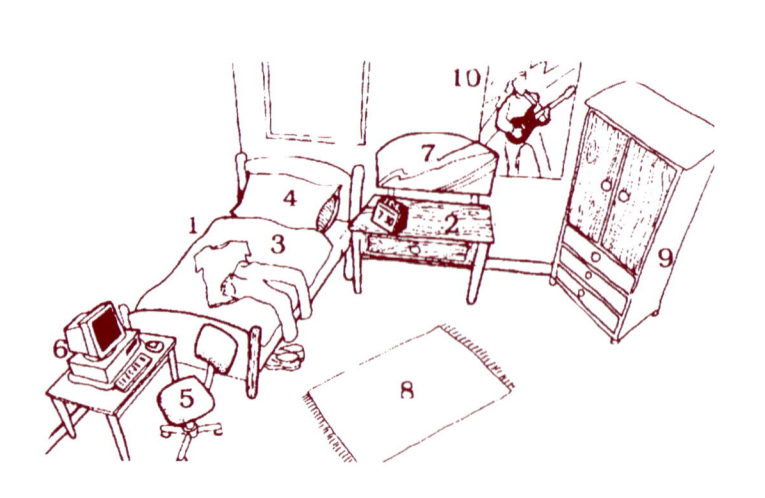

1. leaba
2. bord maisiúcháin
3. cuilt
4. ceannadhairt
5. cathaoir
6. ríomhaire
7. scáthán
8. brat urláir
9. vardrús
10. póstaer

Amharc ar na léaráidí thuas agus ansin freagair an cheist.

(4) Cad é ta le feiceáil sa seomra folctha?

1. leithreas
2. folcadán
3. cithfholcadán
4. báisín láimhe
5. cófra leighis
6. gallúnach
7. sconnaí
8. tuáille

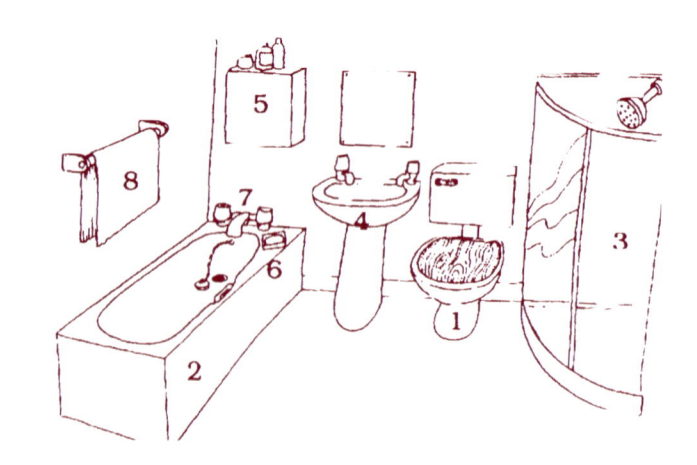

Freagra samplach.
Tá folcadán, báisín láimhe, cithfholcadán agus leithreas le feiceáil sa seomra folctha.
Anois cuir na ceisteanna ar do chara.

AT2 : Labhairt

6. Ask if they have a garden.
An bhfuil gairdín agaibh?
Freagraí samplacha
Tá gairdín mór againn os comhair an tí.

X Níl gairdín againn os comhair an tí ach tá gairdín againn ar chúl an tí

AT2 : Labhairt

7. Now ask what can be seen from the house.
Cad é tá le feiceáil ó do theach féin?
Seo roinnt freagraí samplacha:
Is mise Bríd. Cónaím i mBéal Feirste thuaidh. Feicim Caisleán Bhéal Feirste , Loch Lao, Gairdín na n-Ainmhithe, páirc phoiblí agus teach pobail ó mo theach féin.

Is mise Séamas. Tá mé i mo chónaí ar fheirm i gcontae Dhoire. Tá caoirigh, páirceanna, abhainn, ainmhithe feirme tithe feirme agus sléibhte le feiceáil ó mo theach.

Anois cuir an cheist ar do chara
"Cad é tá le feiceáil ó do theach féin?"

AT2 : Labhairt

8. Ask if your friend likes his/her area.
An maith leat do cheantar féin?

Seo roinnt freagraí samplacha duit

Is maith liom mo cheantar féin

Is breá liom mo cheantar féin (love)

X Ní maith liom mo cheantar féin

X Is fuath liom mo cheantar féin (hate)

Ní miste liom mo cheantar féin (don't mind)

Anois tabhair fáth éigin (give a reason)

Seo roinnt freagraí samplacha :

- Tá sé breá ciúin (nice and quiet)
- Tá sé galánta (lovely)

- X Tá sé róchiúin (too quiet)
- X Tá sé róbheag (too small)
- X Tá sé róchallánach (too noisy)

AT2 : Labhairt

9. Rólinirtí

Déan na rólimirtí thíos i gcomhar le do chara.

Cárta A.

1. Ask your friend where he/she lives.
2. Ask what kind of a house he/she has.
3. Ask how many rooms there are in the house.

Cárta B.

1. Ask your friend what type of a house he/she lives in.
2. Ask him/her to name the rooms of the house.
3. Ask if your friend likes his/her area and why.

Cárta C

1. Ask your friend where he /she lives.
2. Ask him / her to name four things in the kitchen / bed room.
3. Ask if there is a garden behind the house.

AT3 : Léamh

1. Amharc ar na léaráidí thíos agus ceangail gach ceann acu leis an fhocal/fhrása cuí ón liosta ag bun an leathanaigh. Scríobh an uimhir chuí sa bhosca taobh le gach léaráid. Tá sampla déanta duit.

1. sorn	2. teilifíseán	3. leabhragán
4. tine	5. vardrús	6. doirteal
7. tolg	8. folcadán	9. báisín láimhe
10. cuisneoir	11. leaba	12. meaisín níocháin

AT3 : Léamh

2. Amharc ar an léaráid agus cuir líne faoi ráiteas ar bith atá fíor.
Underline the statements below which are true.

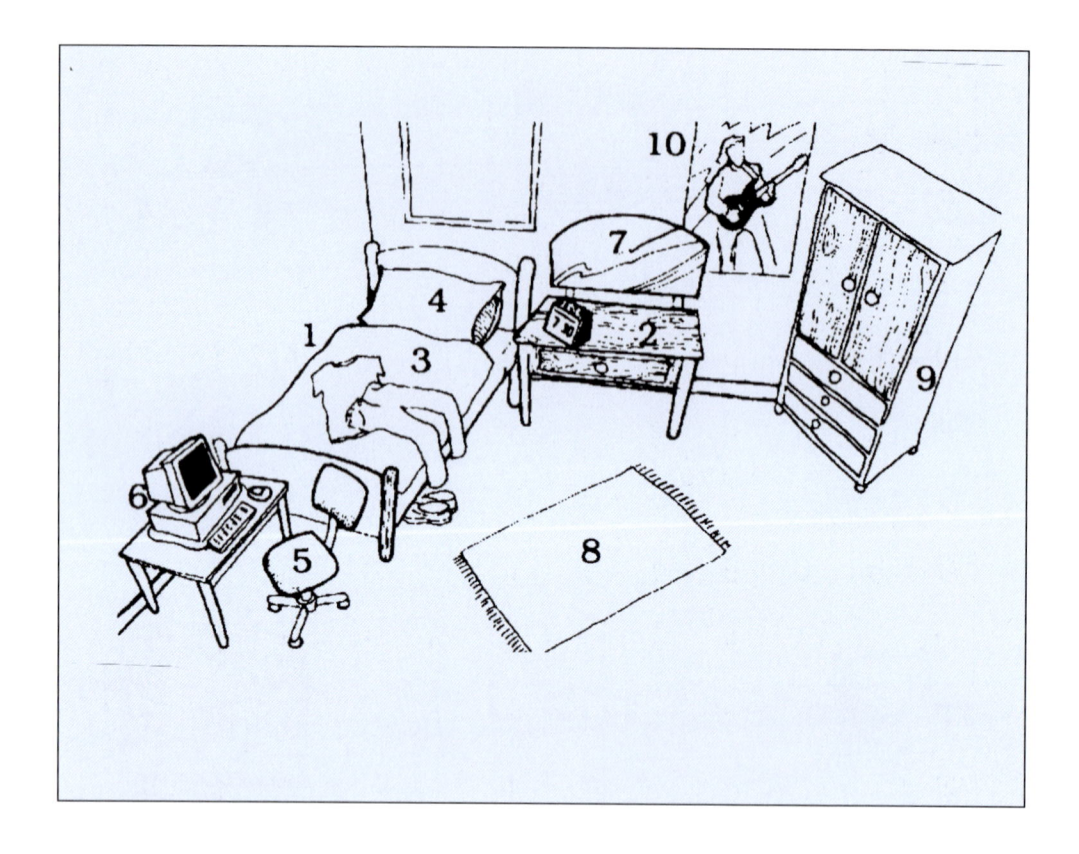

- Tá dhá leaba le feiceáil sa phictiúr.

- Tá clog aláraim ar an tábla maisiúcháin.

- Tá brat urláir faoin deasc.

- Tá sciorta agus T- léine ina luí ar an leaba.

- Tá sé leath i ndiaidh a seacht ar maidin.

- Tá ceithre tharraiceán sa vardrús.

At3 : Léamh

3. **Cuardaigh na focail ag bun an leathanaigh sa lúbra focal. Baineann siad uilig le saol na tuaithe. Tá sampla déanta duit.**

A	g	h	b	n	v	c	n	v	d	c	e
C	e	a	n	t	a	r	n	g	w	o	u
L	u	e	t	u	x	h	a	r	i	i	g
Ó	i	g	e	a	t	a	r	o	x	l	a
S	r	f	j	t	r	á	c	h	t	l	i
N	t	i	p	h	b	b	r	i	o	t	r
M	a	d	a	d	h	r	a	a	f	r	d
G	a	s	f	r	d	g	n	y	é	s	í
B	b	l	á	t	h	a	n	n	a	t	n
N	h	I	l	x	n	y	a	y	r	h	r
T	a	a	r	t	y	l	n	e	t	n	s
T	I	b	o	e	t	l	o	c	h	p	t
G	n	h	w	h	g	I	r	I	o	a	c
C	n	o	c	o	e	z	f	n	e	y	x

Ceantar, bláthanna, loch, cnoc, clós, abhainn, crann, féar, gairdín, sliabh, coill, ba, caoirigh, madadh rua.

AT3 : Léamh

4. Fágann máthair Shéamais nóta dó. Léigh é agus ansin freagair na ceisteanna/roghnaigh an freagra ceart.

A Shéamais,
Tá mé ar shiúl chuig an fhiaclóir. Tá coinne agam ar 11.15 r.n. Nigh na soithí, glan an chistin, déan an folúsghlanadh thíos staighre agus glan an seomra folctha. Cuir Úna chuig na siopaí – tá bainne, arán, ispíní agus prátaí de dhíth. Tá airgead I mo sparán ar an tábla sa seomra suí. Beidh mé ar ais ar bhus 1.30 i.n.
                                  Mamaí

A. Tá coinne fiaclóra ag máthair Shéamais ar
- Ceathrú go dtí a haon déag
- Ceathrú go dtí a deich
- Ceathrú indiaidh a haon déag

B. Cuir fáinne thart ar dhá rud atá le déanamh ag Séamas.

C. Scríobh 3 rud atá de dhíth ó na siopaí.
Tá _____, _____, agus _____ de dhíth.

D. Cá bhfuil an t-airgead?
    Tá an t-airgead _____

AT3 : Léamh

5. Léann tú na fógraí seo ar "Lá." Léigh iad agus ansin freagair na ceisteanna thíos.

A. Sorn leictreach – trí bliana d'aois – 2 oigheann – ord maith – dath liath agus bán £250. Le feiceáil lá ar bith i ndiaidh a sé. Cuir scairt ar Dhún Phádraig 348756.

A.
1. Cá mhéad atá ar an sorn?
2. Cad é an dath atá air?
3. Cén aois é?

B. Tábla mór don seomra bia agus ceithre chathaoir- adhmad donn – cúig mhí d'aois- le feiceáil Dé Sathairn/Dé Domhnaigh 22/23 Feabhra. Glaoigh ar Iúr Cinn Trá 228906 am ar bith i ndiaidh a ceathair.

B.
1. What kind of table is for sale?
2. What is only five months old?
3. On what days and dates can the goods be seen?

AT3 : Léamh

6. Seo fógra faoi theach atá le díol. Léigh é agus ansin cuir líne faoi na habairtí atá fíor.

Le Díol

Teach aonair, suite trí mhíle taobh amuigh de Dhoire ar bhóthar Leitir Ceanainn. Tógadh an teach sa bhliain 1996. Thuas staighre tá cúig sheomra leapa, dhá sheomra folctha agus thíos staighre tá cistin bhreá mhór, seomra bia , dhá sheomra suí agus seomra na gcótaí. Garáiste dúbhailte agus gairdín mór ar chúl an tí. In aice le siopaí, scoileanna, sólann agus teach pobail. Tá an ceantar iontach deas ciúin.

A. Tá an teach suite i nDoire.

B. Tá an teach 8 mbliana d'aois.

C. Tá 5 sheomra leapa ann.

D. Tá gairdín mór taobh leis an teach.

E. Tá ollmhargadh in aice leis an teach.

F. Is ceantar an -dheas é.

G. Tá sólann sa cheantar.

AT4 : Scríobh

1. Cuir lipéad ar gach ball troscáin sna léaráidí thíos. Scríobh an focal/frása faoin léaráid.

Brat urláir, cathaoir uilleach, doirteal, vardrús, foireann troscáin, fisthaifeadán, tine, inneall níocháin, cithfholcadán.

AT4 : Scríobh

2. Amharc ar na léaráidí thíos agus thall agus scríobh isteach an frása cuí ón liosta 1-12 ag deireadh an cheachta. Tá sampla déanta duit.

Tá sé ag smúdáil

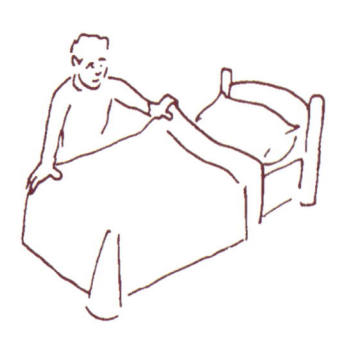

AT4 : Scríobh

1. Ag leagan an tábla. 2. Ag ní soithí. 3. Ag glanadh fuinneog.
4. Ag ullmhú dinnéir. 5. Ag cur snas ar an troscán.
6. Ag lasadh tine. 7. Ag scuabadh an urláir.
8. Ag cóiriú leapa. 9. Ag triomú soithí. 10. Ag smúdáil.
11. Ag ní an chairr. 12. Ag folúsghlanadh.

At4 : Scríobh

3. Roghnaigh ceann amháin de na pictiúir thíos agus scríobh 10 líne faoin seomra sin.

AT4 : Scríobh

4. Tá tú fágtha i mbun an tí. Le cuidiú ó na léaráidí déan liosta de na jabanna atá le déanamh an lá sin. Tá sampla déanta duit.

Obair an lae.

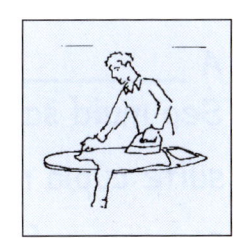

1. <u>Cóirigh na leapacha</u>
2. _____
3. _____
4. _____
5. _____
6. _____
7. _____
8. _____
9. _____
10. _____

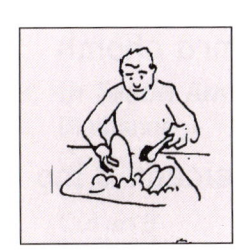

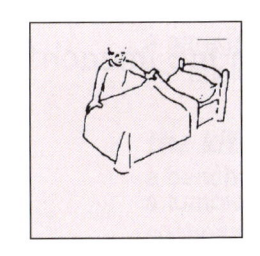

171

Liosta Focal

Inneall níocháin	a washing machine
Oigheann	an oven
Sorn	a cooker
Tábla cistine	a kitchen table
Tábla agus cathaoireacha	table and chairs

5. *An Seomra Folctha* — *the bathroom*

Báisín láimhe	a washand basin
Cithfholcadán	a shower
Cófra leighis	a medicine cupboard
Folcadán	a bath
Foltfholcadh	shampoo
Gallúnach	soap
Leithreas	a toilet
Tuaillí	towels

6. *An Seomra Leapa* — *the Bedroom*

Ballaí	walls
Brat urláir	a carpet
Ceannadhairt	a pillow
Clog aláraim	an alarm clock
Cuilt	a quilt
Dallóga	blinds
Deasc	a desk
Lampa	a lamp
Leaba	a bed
Leapacha	beds
Leabhragán	a bookcase
Raidió	a radio
Ríomhaire	a computer
Scáthán	a mirror
Seinnteoir DVDanna	DVD player
Tábla maisiúcháin	a dressing table
Tábla oíche	a bedside table
Urlár admhaid	a wooden floor
Vardrús	a wardrobe

7. *An Seomra Suí* — *the sitting room*

Cathaoir uilleach	an armchair
Cuirtíní	curtains
Fístaifeadán	a video recorder
Foireann troscáin	a suite of furniture
Lampa	a lamp
Soilse	lights
Teilifíseán	a T.V.
Tine	a fire
Tine ghuail	a coal fire
Tine leictreach	electric fire

Liosta Focal

Tinteán	a hearth / fireplace
Tolg	a sofa /settee

8. An Chomharsanacht — the neighbourhood

Baile mór	a town
Ar imeall an bhaile mhóir	on the outskirts of the town
Lár an bhaile mhóir	town centre
Cathair	a city
Lár na cathrach	city centre
Ceantar	an area
Ceantar tuaithe	a rural area
Cumann na n-óg	youth club
Lárionad siopadóireachta	shopping centre
Leabharlann	a library
Otharlann	a hospital
Páirc phoiblí	a public park
Páirceanna imeartha	playing fields
Pictiúrlann	a cinema
Siopaí áitiúla	local shops
Scoileanna	schools
Sólann	a leisure centre
An Staisiún Dóiteáin	the Fire Station
Staisiún na mbusanna	the Bus Station
Stáisiún na dtraenacha	the Train Station
Teach an phobail	the chapel /church

9. Faoin Tuath — in the countryside

Abhainn	a river
Ainmhí	an animal
Bó	a cow
Ba	cows
Caora	a sheep
Caoirigh	sheep
Capall	a horse
Capaill	horses
Cearc	a hen
Cearca	hens
Clós feirme	a farm yard
Cnoc	a hill
Cnoic	hills
Coill	a wood
Coillte	woods
Geata	a gate
Loch	a lake/lough
Lochanna	lakes
Madadh rua	a fox

Liosta Focal

Madaí rua	foxes
Muc	a pig
Muca	pigs
Páirc	a field
Páirceanna	fields
Sliabh	a mountain
Sléibhte	mountains
Teach feirme	a farm house

10. Obair an Tí — *housework*

Ag cóiriú leapacha	making beds
Ag cur snas ar an troscán	polishing the furniture
Ag folúsghlanadh	hoovering
Ag glanadh fuinneog	washing windows
Ag lasadh tine	lighting a fire
Ag leagadh an tábla	setting the table
Ag ní an chairr	washing the car
Ag ní na soithí	washing the dishes
Ag scuabadh an urláir	brushing the floor
Ag smúdáil éadaí	ironing clothes
Ag triomú na soithí	drying the dishes
Ag ullmhú an dinnéir	preparing the dinner

11. Eile — *other words / phrases*

Beag	small
Callánach	noisy
Ciúin	quiet
Deas	nice
Galánta	lovely
Mór	big
Nua-aimseartha	modern
Róbheag	too small
Róchallánach	too noisy
Rómhór	too big
Seanaimseartha	old fashioned
Úrnua	(brand) new

AONAD 7 : CAITHEAMH AIMSIRE

AT1 : Éisteacht

1. **Cluineann tú an fógra seo ar an raidió. Éist leis agus ansin freagair na ceisteanna/roghnaigh an freagra ceart.**

A. Beidh an choirmcheoil ann ar an
1. Satharn
2. Luan
3. Chéadaoin

B. Scríobh isteach dáta an choirmcheoil thíos

Dáta	Mí

C. Beidh na ticéid ar díol
1. I mBaile Átha Cliath
2. I nDoire
3. I mBéal Feirste

D. Beidh an coirmcheoil ann ar   2.00   2.15   2.30
    agus arís ar   7.45   8.00   8.15.
    Cuir ciorcal thart ar na hamanna cuí.

Le caoinchead an 'Irish News'

AT1 : *Éisteacht*

2. Éist leis na cairde seo ag plé cluiche agus ansin freagair na ceisteanna/roghnaigh an freagra cuí.

A. Tá siad ag caint faoi chluiche

B. Bhain   (1) Aontroim
            (2) Ard Mhacha
            (3) Corcaigh   an cluiche.

C. Beidh an chéad chluiche eile ann
(1) i gceann seachtaine
(2) i gceann coicíse
(3) i gceann míosa.

3. Cluineann tú an fógra seo agus tú sa tsólann. Éist agus ansin scríobh F (fíor) nó B (bréagach) taobh le gach ráiteas thíos.

A. Beidh na comórtais ann Dé Sathairn   ☐

B. Beidh comórtas snámha ann do bhuachaillí idir 10 agus 12.   ☐

C. Beidh comórtas leadóige ann do na cailíní.   ☐

D. Tá na hainmneacha le bheith istigh roimh 11 maidin Dé Máirt.   ☐

AT1 : Éisteacht

4. Pléann Pól agus cara nua caitheamh aimsire. Éist leo agus ansin líon isteach na bearnaí thíos ón liosta ag bun an leathanaigh. (Select from the list only the words needed to fill gaps).

1. Imríonn Pól _____ sa _____ Dé _____.

2. Fuair sé _____ ag an Nollaig.

3. Téann sé chuig club na n-óg gach oíche _____

4. Is maith lena dheartháir bheith ag _____

5. Beidh comórtas mór _____ ann i mBaile Átha Cliath i mí _____

6. Téann Pól lena athair go _____ ag _____

(imirt peile, snámha, Mháirt, Luain, Aoine, Domhnaigh, tábla snúcair, Iúil, Lúnasa, Baile Átha Cliath, Tír Chonaill, iascaireacht, pháirc peile, tsólann, peil)

AT1 : Éisteacht

5. Pléann beirt chairde an deireadh seachtaine agus iad ar a mbealach chun na scoile Dé Luain. Éist leo agus ansin cuir líne faoi na ráitis thíos atá fíor.

A. Chuaigh Áine chuig an phictiúrlann Dé hAoine.

B. Dúirt sí go raibh an scannán iontach maith.

C. D'imir sí cispheil Dé Sathairn.

D. Cheannaigh sí péire bríste Dé Sathairn.

E. Dé Domhnaigh thug sí cuairt ar a haintín.

F. Cónaíonn sí i nDún Phádraig.

G. Chuaigh sí go dtí an dioscó Dé Domhnaigh.

H. Bhí an dioscó ann i gclub na n-óg.

AT2: Labhairt

1. Look at the illustrations and ask your partner to list 3 indoor hobbies.

"Ainmnigh trí chaitheamh aimsire a chleachtann tú taobh istigh."

léitheoireacht	cócaireacht	cártaí

snúcar	leadóg thábla	snámh

damhsa	cluichí ríomhaire	cleiteáil

Freagair an cheist chomh maith!

AT2: Labhairt

2. Now ask your friend to name three outdoor hobbies /interests.

"Ainmnigh trí chaitheamh aimsire a chleachtann tú taobh amuigh."

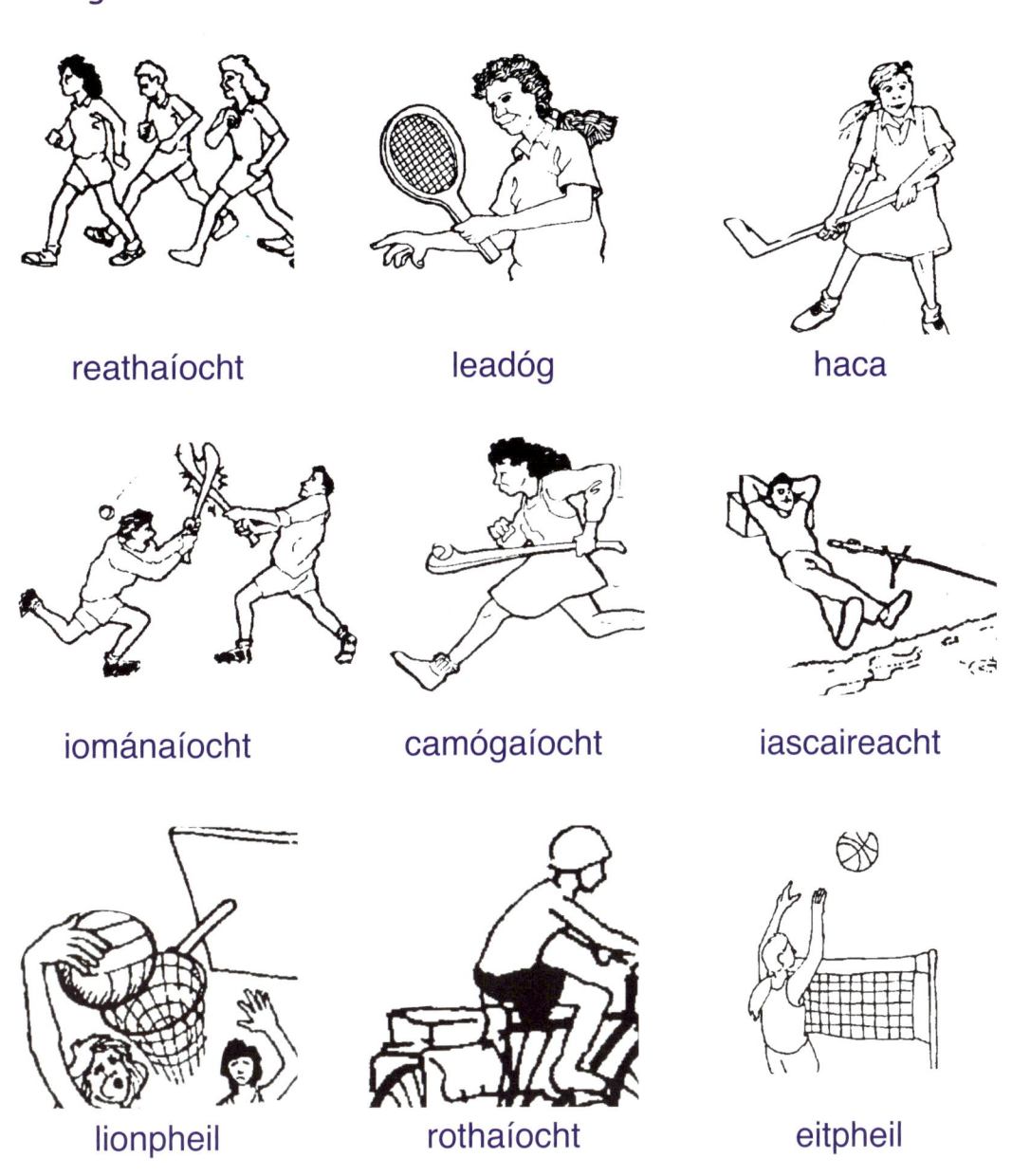

reathaíocht	leadóg	haca
iománaíocht	camógaíocht	iascaireacht
lionpheil	rothaíocht	eitpheil

Anois freagair ceist do charad!

AT2: *Labhairt*

3. Look at the graphics and ask your friend what he /she is doing in each one. Bain úsáid as an cheist
"Cad é tá sé / sí a dhéanamh?"
Seo cúpla sampla

Cad é tá sé a dhéanamh?
Tá sé ag cócaireacht.

Cad é tá sí a dhéanamh?
Tá sí ag seinm ceoil.

Anois cuir ceist faoi na léaráidí thíos: Cad é tá sé/sí a dhéanamh?

Ag snámh

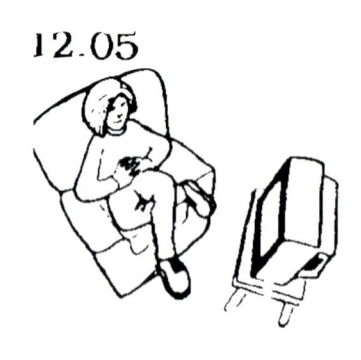

ag amharc ar an teilifís

Ag imirt peile

ag imirt líonpheile

AT2: Labhairt

Ag rith

Ag bailiú stampaí

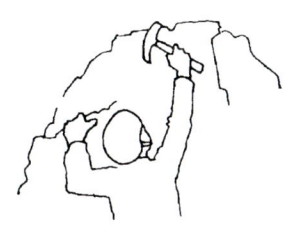

Ag sléibhteoireacht

Ag imirt cluichí

Ag léamh

Ag éisteacht le ceol

Anois cuir na ceisteanna ar do chara agus freagair iad chomh maith.

AT2: Labhairt

4. Now ask if your friend likes a particular sport/hobby.
"An maith leat?"

Sampla
An maith leat snúcar?

Freagra : Is breá liom snúcar 🙂
        : Is fuath liom snúcar ☹️
        : Is cuma liom faoi/Ní miste an snúcar
                (I don't mind)

Anois amharc ar na léaráidí thíos agus cuir an cheist ar do chara. Freagair an cheist chomh maith.

AT2: Labhairt

5. **Now ask your friend which hobby he/she prefers.**
Cuir an cheist "Cén chaitheamh aimsire is fearr leat?"
Seo roinnt freagraí samplacha

Seo é Paddy Richmond. Is fearr leis
iománaíocht.

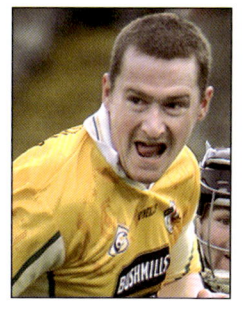

Le caoinchead an 'Irish News'

Is mise Marcas. Is fearr
liom cispheil.

Is mise Peadar.
Is fearr liom an reathaíocht

Is mise Ciara. Is fearr
liom damhsaí
rince Gaelacha.

Le caoinchead an 'Irish News'

187

AT2: Labhairt

6. To ask what someone prefers we say "Cé acu is fearr leat?"

Sampla: **Cé acu is fearr leat, snámh nó rothaíocht?**

Freagra : Is fearr liom rothaíocht.

Anois amharc ar na léaráidí agus cuir an cheist ar do chara
" Cé acu is fearr leat ………………………………?

Cé acu is fearr leat ceol nó léitheoireacht?

Cé acu is fearr leat cluichí ríomhaire nó cartaí?

Cé acu is fearr leat líonpheil nó peil?

AT2: *Labhairt*

7A. Now ask your friend to name 2 sports he/she plays.
Ainmnigh dhá sport a imríonn tú.
Freagraí samplacha :

Is mise Séamas.
Imrím peil agus
liathróid láimhe.

Is mise Síle.
Imrím líonpheil
agus leadóg.

Is mise Brian.
Imrím leadóg
thábla agus snúcar.

Anois cuir an cheist ar do chara agus freagair an cheist chomh maith!

AT2: Labhairt

Seo tuilleadh ceisteanna. Cleacht le do chara iad.
Now ask which of 2 activities your friend prefers.

Cé acu is fearr leat bheith ag amharc ar an teilifís nó bheith ag éisteacht le ceol?

Cé acu is fearr leat bheith ag iascaireacht nó bheith ag iomáint?

Cé acu is fearr leat bheith ag cócaireacht nó bheith ag imirt cluichí ríomhaire?

Cé acu is fearrr leat bheith ag snámh nó bheith ag imirt líonpheile?

AT3: Léamh

1. Ceangail an lipéad ceart 1-9 le gach ceann de na léaráidí thíos. Scríobh isteach an uimhir sa bhosca taobh le gach léaráid.

1. Rothaíocht
2. Ag imirt fichille
3. Ag éisteacht le ceol
4. Ag imirt snúcair
5. Ag iomáint
6. Ag imirt camógaíochta
7. Ag iascaireacht
8. Ag seinm ceoil
9. Ag imirt eitpheile.

AT3: Léamh

2. Cuir an lipéad cuí 1-8 le gach píosa trealaimh thíos. Scríobh an uimhir sa bhosca taobh le gach léaráid.

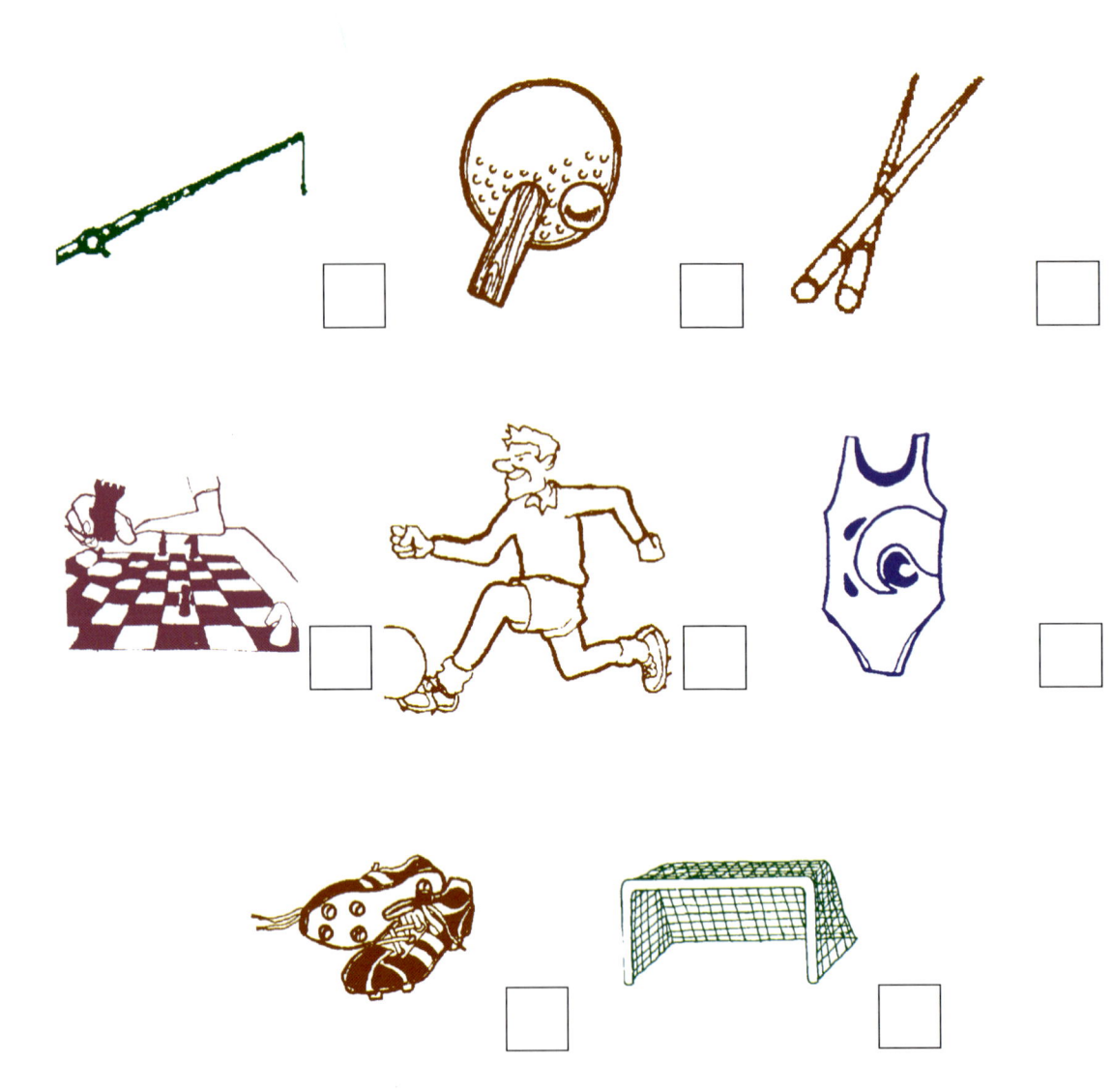

1. foireann fichille
2. culaith shnámha
3. eangach
4. slat iascaigh
5. bróga peile
6. liathróid peile
7. cuaillí snúcair
8. bata leadóige.

AT3: Léamh

3. Léigh na fógraí agus cuir an uimhir chuí (1 – 8) taobh le gach ceann de na ráitis A- E thíos. Read the notices and put the correct number beside each phrase.

1. CÚIRT SCUAISE	2. LINN SNÁMHA
3. Bialann	4. Seomra teilifíse
5. OIFIG EOLAIS	6. HALLA SNÚCAIR
7. Seomra na n-earraí caillte	8. Seomra aclaíochta

Sampla

Le dul ag snámh leanann tú fógra — [2]

A. Tá tú ag iarraidh cluiche scuaise, leanann tú fógra ☐

B. Tá ocras ort, leanann tú fógra ☐

C. Chaill tú péire bróg spóirt, leanann tú fógra ☐

D. Tá tú ag iarraidh amharc ar chluiche mór peile ar an teilifís, leanann tú fógra ☐

E. Níl a fhios agat cén t-am a mbíonn an tsólann ar oscailt, leanann tú fógra ☐

AT3: Léamh

4. Léigh na giotaí thíos faoi chaitheamh aimsire agus ansin freagair na ceisteanna/roghnaigh an freagra cuí.

(a).
Is mise Peadar. Is maith liom gach cineál spóirt. Imrím peil, snúcar, leadóg thábla agus ficheall. Ach is fearr liom bheith ag imirt iománaíochta.

4(b). Is mise Úna. Is duine falsa mé agus ní imrím spórt ar bith ar scoil ach téim ag snámh gach Satharn. Is breá liom an ceol agus téim chuig scoil an cheoil ar an Bhaile Méanach oíche Luain agus maidin Dé Sathairn. Bím ag seinm ar an fhidil. Téim chuig ranganna damhsa oíche Luain agus oíche Aoine téim chuig club na n-óg agus anois agus arís imrím cluiche líonpheile.

A. Cuir fáinne thart ar dhá spórt a thaitníonn le Peadar.

B. Is fearr leis _____

C. Bíonn Úna ag imirt   oíche _____

D. Téann sí chuig ranganna ceoil Dé _____ agus Dé _____

E. Gach Satharn bíonn sí ag _____

AT3: Léamh

5. Léigh an t-eolas agus scríobh uimhir an phictiúir chuí taobh le gach ainm (i) - (iv).

C. Tá an-spéis ag gach duine sa teaghlach s'agamsa i gcaitheamh aimsire. Imríonn mo dhaidí, Micheál, ficheall. Is maith le mo mhamaí, Síle, bheith ag cleiteáil agus bíonn mo dheartháir Brian amuigh ag iascaireacht le m'uncail Séamas gach deireadh seachtaine. Tá mo dheirfiúr Úna ar fhoireann camógaíochta anseo in Ard mhacha.

(i) Micheál Ó Duibh ☐

(ii) Síle Uí Dhuibh ☐

(iii) Brian Ó Duibh ☐

(iv) Úna Ní Dhuibh ☐

AT3: Léamh

6. Léigh an fógra seo thíos agus ansin freagair na ceisteanna a leanann é/líon isteach na bearnaí.

Sólann Lios na Finne

Linn Snámha: ar oscailt gach lá ach amháin an Satharn 10.00r.n. -9.00 i.n.
Táille: £3.00 do sheisiún uair go leith.
Leadóg Thábla : sa Halla Mór 11.00-2.00
Táille: punt an uair.
Cúirteanna scuaise : ar fáil óna haon déag go dtína ceathair do pháistí thar sé bliana déag. £2.50 an séisiún.
Peil: gach oíche Luain agus Aoine do ghrúpaí de dheichniúr nó níos mó £7.50 an uair.
Dioscó : gach oíche Shathairn, óna naoi go dtí leath i ndiaidh a haon déag.

A. Cén spórt a chosnaíonn £1.00 an uair?

B. Cén t-am a mbíonn na cúirteanna scuaise ar fáil? Roghnaigh an freagra ceart
- 9.00 -11.30
- 10.00 - 9.00
- 11.00 - 4.00

C. Bíonn peil ar fáil ____ oíche sa tseachtain.

D. Críochnaíonn an dioscó ar _____

AT3: Léamh

7. Léigh an fógra thíos agus ansin freagair na ceisteanna a leanann é.

CLÁR NA bhFÓGRAÍ
LÁ MÓR SPÓIRT – AOINE 2 BEALTAINE

Comórtais do Rang a hAon : Snámh, Líonpheil, Peil, Rás Trí Chos.
9.30 r.n.   : Rás Trí Chos 1A V 1C
10.15 r.n. : Cluiche Líonpheile 1B v 1D
11.30.r.n. : Cluiche Peile 1E V 1F
            Comórtais do Rang a Dó
9.30 r.n.   : Rás Céad Méadar
10.00 r.n. : Cluiche Cispheile 2B v 2E
12.15 i.n. : Haca : 2A v 2 C
1.30.i.n.   : Comórtas Fichille 2A V 2D
2.15.i.n.   : Cluiche Corr 2E V 2F.

A. Cén lá agus dáta a mbeidh an lá spóirt ann?

B. Ainmnigh dhá chomórtas a bheidh ann do rang a haon.

C. Beidh _____ ann ar _____.

D. Beidh _____ ann do rang ___.

E. Beidh _____ ann do rang ___ agus rang _____.

AT4: Scríobh

1. Amharc ar na léaráidí thíos agus scríobh isteach an caitheamh aimsire cuí ón liosta i-xvi ag deireadh an cheachta.

Haca

AT4: Scríobh

i. Rothaíocht, ii. Peil, iii. Líonpheil, iv. Ficheall, v. Iománaíocht, vi. Reathaíocht, vii. Dornalaíocht, viii. Iascaireacht, ix. Camógaíocht, x. Leadóg, xi. Snámh, xii. Haca, xii. Sléibhteoireacht, xiv. Cleiteáil, xv. Marcaíocht, xvi. Ceol.

AT4: Scríobh

2. Líon isteach na bearnaí sna habairtí faoi gach ceann de na léaráidí A-P thíos agus thall le focal/frása ón liosta i-xvi ag bun an cheachta.

A.

Tá na fir ag _____ snúcair

B.

Tá an bhean ag _____

C.

Tá an ghirseach ag _____ ceoil

D.

Tá na gasúir ag _____

E.

Tá na girseacha ag _____ le ceol

F.

Tá an fear ag _____

G.

Tá an fear ag _____

H.

Tá an bhean ag _____ ar an teilifís

200

AT4: Scríobh

I.

Tá an ghirseach ag _____

J.

Tá an gasúr ag ____

K.

Tá an fear ag _____

L.

Tá sé ag _____ sléibhe

M.

Tá an gasúr ag _____

N.

Tá siad ag _____

O.

Tá Pól ag _____

P.

Tá na daltaí ag ____

i. Snámh, ii. Cócaireacht, iii. Éisteacht, iv. Iascaireacht, v. Dreapadh, vi. Rothaíocht, vii. Iomáint, viii. Imirt, ix. Seinm, x. Marcaíocht, xi. Damhsa, xii. Cleiteáil, xiii. Rith, xiv. Péinteáil, xv. Amharc, xvi. Dornáil.

AT4: Scríobh

3. Amharc ar na léaráidí thíos agus scríobh isteach faoi gach ceann acu an focal/lipéad cuí ón liosta i-ix ag bun an leathanaigh.

i. Eangach chispheile, ii. Culaith reatha, iii. Bróga reatha, iv. Cuaille snúcair, v. Bata leadóg thábla, vi. Bróga damhsa, vii. Slat iascaigh, viii. Culaith shnámha, ix. Liathróid peile.

AT4: Scríobh

4. Líon isteach na bearnaí thíos le focal/frása foirstéanach ón liosta ag bun an leathanaigh.

A. Seo é Seán. Is maith leis _____ ach is fearr leis _____. Is fuath leis _____ ach is binn leis _____.

B. Seo í Áine. Is maith léi a bheith ag _____ ach is fearr léi _____. Is fuath léi an _____ ach ní miste léi _____.

C. Seo iad Brian agus Pól. Is maith le _____ agus _____ ach is fearr leo bheith ag _____. Ní miste leo _____. Is binn leo bheith ag _____.

ceol; marcaíocht; camógaíocht; peil; cócaireacht; rothaíocht; imirt cártaí; seinm; cleiteáil; ficheall; dornálaíocht; reathaíocht; snámh; leadóg thábla; iascaireacht; snúcar; iománaíocht.

AT4: Scríobh

5. Líon isteach an dialann don deireadh seachtaine. Bíodh ceithre imeacht luaite don dá lá.

Dé Sathairn	Dé Domhnaigh
10.30 r.n.	10.30 r.n.
2.30 i.n.	2.30 i.n.
6.00 i.n.	6.00 i.n.
9.45 i.n.	9.45 i.n.

Liosta focal

1. **Caitheamh Aimsire Taobh amuigh** — **Outdoor hobbies / Pastimes**

Camógaíocht	camogie
Cluiche corr	rounders
Dreapadóireacht	climbing
Eitpheil	volleyball
Haca	hockey
Iascaireacht	fishing
Iománaíocht	hurling
Leadóg	tennis
Liathróid láimhe	handball
Líonpheil	netball
Marcaíocht	horse riding
Peil	football
Peil ghaelach	gaelic football
Peil na mban	women's football
Rás	a race
Rás trí chos	a three legged race
Reathaíocht	running
Rothaíocht	cycling
Rugbaí	rugby
Sacar	soccer
Sléibhteoireacht	mountaineering

2. **Caitheamh Aimsire Taobh istigh** — **Indoor hobbies / pastimes**

Cártaí	cards
Cispheil	basket ball
Cleiteáil	knitting
Cluichí boird	board games
Cluichí ríomhaire	computer games
Cócaireacht	cooking
Comórtas fichille	a chess competition
Comórtas snámha	a swimming competition
Dornálaíocht	boxing
Drámaíocht	drama
Ficheall	chess
Haca oighir	ice hockey
Leadóg thábla	table tennis
Léitheoireacht	reading
Lúthchleasaíocht	athletics
Scuais	squash
Snámh	swimming
Snúcar	snooker
Táiplís	draughts

Liosta focal

3. Ag déanamh rudaí   doing things

Ag amharc ar an teilifís	watching TV
Ag amharc ar fhíseán	watching a video
Ag bailiú stampaí	collecting stamps
Ag cleachtadh ceoil	practising music
Ag cócaireacht	cooking
Ag damhsa	dancing
Ag éisteacht le ceol	listening to music
Ag iascaireacht	fishing
Ag imirt cártaí	playing cards
Ag imirt cluichí ríomhaire	playing computer games
Ag imirt cispheile	playing basketball
Ag imirt líonpheile	playing netball
Ag imirt peile	playing football
Ag imirt snúcair	playing snooker
Ag iomáint	playing hurley
Ag léamh	reading
Ag marcaíocht	horse riding
Ag rith	running
Ag rothaíocht	cycling
Ag seinm ceoil	playing music
Ag sléibhteoireacht	mountaineering
Ag snámh	swimming

4. Trealamh Spóirt   Sports' equipment

Bata	a bat / racquet
Bata haca	a hockey stick
Bata haca oighir	an ice hockey stick
Bata leadóg thábla	a table tennis bat
Bata leadóige	a tennis racquet
Bróga damhsa	dancing shoes
Bróga peile	football boots
Bróga reatha	running shoes
Bróga spóirt	sports' shoes
Camán	a hurl
Ciseán cispheile	a basketball basket
Cuaillí snúcair	snooker cues
Culaith reatha	a track suit
Culaith shnámha	a suim suit
Eangach leadóige	a tennis net
Foireann fichille	a chess set
Geansaí peile	a football jersey
Liathróid leadóige	a tennis ball
Liathróid peile	a football
Liathróid snúcair	a snooker ball
Slat iascaigh	a fishing rod
Sliotar	a hurley ball

Liosta focal

5. Ionaid Spóirt/Chaitheamh Aimsire — Sports' / hobbies' Venues

Abhainn	a river
Amharclann	a theatre
Club na n-óg	youth club
Cúirteanna leadóige	tennis courts
Cúirteanna scuaise	squash courts
Halla spóirt	a sports' hall
Halla snúcair	a snooker hall
Linn snámha	a swimming pool
Páirceanna imeartha	playing fields
Páirc na peile	the football field
Pictiúrlann	a cinema
Seomra na hAclaíochta	exercise room
Seomra na meáchan	the weights room
Sólann	a leisure centre
Spórtlann	a sports' centre

6. Daoine — People

Aisteoir	an actor
Amhránaí	a singer
Ceoltóir	a musician
Dornálaí	a boxer
Lúthchleasaí	an athlete
Marcach	a jockey
Imreoir	a player
Imreoir leadóige	a tennis player
Imreoir snúcair	a snooker player
Iománaí	a hurler
Peileadóir	a footballer
Reathaí	a runner
Rothaí	a cyclist
Snámhaí	a swimmer

7. Eile — Other words / phrases

Foireann an chontae	the county team
Foireann líonpheile	a netball team
Foireann peile	a football team
Foireann na scoile	the school team
Imrím	I play
Is binn liom	I love
Is breá liom	I love
Is fearr liom	I prefer
Is fuath liom	I hate
Is maith liom	I like
Ní imrím peil	I don't play football
Ní miste liom	I don't mind

"Ag seinm ceoil do phócaí folmha"

Téacsanna Éisteachta

Téacs na hÉisteachta: Aonad 1

1. Tá beirt chara ag caint faoin samhradh. Two friends talk about their holidays. Listen to the recording and put F (Fíor) nó B (Bréagach) beside each phrase. Tá sampla déanta duit.

Eoin: Ní fhaca mé thú le fada a Úna. An ndeachaigh tú áit ar bith ar laethanta saoire?

Úna: D'imigh muid go dtí an Spáinn ag tús Mhí Iúil agus chaith muid trí sheachtain ann. Tá árasán ag m'uncail Liam taobh amuigh de Bharcelona agus d'fhan muid coicís leis. Ansin chaith muid seachtain i bpuball ar an chósta, gar do Benidorm. Bhí an aimsir galánta ar fad ach bhí sé róthe in amannaí.

Eoin: Bhuel, ní dheachaigh muid thar lear i mbliana mar bhí mo mháthair mhór tinn ach tá teach againn i dTír Chonaill agus chaith muid mí ann. Chuaigh muid ann i Mí lúnasa ach bhí an aimsir go dona agus tháinig muid abhaile go Doire ar an 19 den mhí. Deir mo mhamaí go rachaidh muid go dtí an Fhrainc ar an bhliain seo chugainn.

2. Cuireann do mhamaí scairt ar óstán ag iarraidh laethanta saoire a shocrú. Your mother phones a hotel to arrange holiday accommodation. Éist leis an chomhrá agus cuir fáinne thart ar an phictiúr cheart.

Haló. Seo Bean Uí Néill arís. Bhí mé ar an ghuthán ar maidin ag iarraidh cúpla seomra a chur in áirithe. Tá mo mhac ag freastal ar chúrsa Gaeltachta in Anagaire agus ba mhaith linn cuairt a thabhairt air.

Fáilteoir: Dia duit, a Bhean Uí Néill. Cad iad na dátaí a bheadh i gceist?

Bean Uí Néill: idir an 7 lá agus an 10 lá Aibreán. Ba mhaith liom dhá sheomra, seomra teaghlaigh agus seomra aonair do mo mháthair.

Fáilteoir. Maith go leor a bhean uasal. Cé mhéad páistí a bheidh ann agus cé mhéad daoine fásta?

Bean Uí Néill : Beidh beirt pháiste agus tríur daoine fásta; mise, mo fhear chéile agus mo mháthair. Cad é an ráta atá ann don deireadh seachtaine?

Fáilteoir: Céad fiche punt an duine do na daoine fásta agus caoga punt an duine do na páistí.

Bean Uí Néill: Tá sin maith go leor. Cuirfidh mé seic chugat sa phost maidin amárach. Slán agus go raibh maith agat.

3. Tá do chlann ag imeacht ar laethanta saoire go Gaillimh agus éisteann sibh le réamháisnéis na haimsire an mhaidin sin. Éist agus ansin cuir tic leis an phictiúr chuí.

"Beidh sé te tirim ar maidin ar fud na tíre ach tráthnóna éireoidh sé dorcha agus beidh ceathanna fearthainne ag teacht isteach ón chósta níos moille sa lá agus beidh sé gaofar chomh maith. Maidin amárach beidh sé fuar agus beidh ceo ann ar an chósta.

4. Tá beirt chara ag caint faoina laethanta saoire. Éist leo agus ansin cuir tic leis na ráitis atá fíor agus X leis na cinn nach bhfuil.

"Cá ndeachaigh tú ar laethanta saoire a Shéamais?"
"Chuaigh mé go Corcaigh le mo theaghlach. Bhí muid ag campáil ach bhí an aimsir go dona. Bhí sé ag cur fearthainne gach lá agus bhí sé fuar. D'fhan muid coicís ann agus tháinig muid abhaile Dé Sathairn.
Ba mhaith liom dul ar ais ar an bhliain seo chugainn.

5. Éist leis na fógraí seo agus ansin cuir tic leis na ráitis atá fíor agus X leis na cinn nach bhfuil.

"Seo fógraí an lae inniu agus an lae amárach. Tráthnóna inniu beidh rang ceoil ann do rang a haon agus rang a dó agus cluichí do rang a trí agus a ceathair. Beidh an t-aifreann ann Dé Sathairn ar 7.30 agus ní bheidh an dochtúir istigh anocht ach beidh sé istigh oíche Luain. Beidh céilí sa halla mór ar 8.15."

Téasc na héisteachta: Aonad 2

1. Éist leis an téip agus cuir litir le gach ceann de na pictiúir de réir ord na téipe. Listen to the recording and put the letter you hear in the box beside the matching image. An example has been done for you.

A. Ghlan Séan an carr ar 2.30.
B. D'ól sé cupán tae agus d'ith sé ceapaire ag am lóin.
C. D'éirigh sé ar 7.15 ar maidin.
D. D'fhág sí an teach ar 8.15.
E. Rinne sé réidh a bhricfeasta.
F. D'éist na cairde le ceol.
G. Chuaigh sí ag siopadóireacht ar 11.30.
H. Chaith sé tamall ag amharc ar an teilifís.
I. D'imir na gasúir cluiche peile.

2. Éist leis an téip agus scríobh isteach an t-am ceart le gach ceann de na pictiúir. Tá sampla déanta duit.
Listen to the recording and put the time you hear in the box beside the matching image. An example has been done for you.
Maidin inné mhúscail mé ar 7.30.
Nigh mé mé féin ar 7.40 agus chuir mé orm m'éide scoile ar 7.50. Tháinig mé anuas an staighre agus ansin d'ith mé bricfeasta ar 8.00. Ar 8.10 chuaigh mé ar scoil ar an bhus. Bhain mé an scoil amach ar 8.40.

3. Cuireann Pól síos ar imeachtaí an lae ar scoil. Éist leis agus ansin cuir uimhir 1-6 taobh leis na léaráidí de réir ord na téipe. Paul describes his school routine. Listen and put the correct number beside each image.
Bhain mé an scoil amach ar 8.35 agus ar 9.00, i ndiaidh an tionóil, bhí rang mata againn. Bhí sos ann ar 9.55 agus d'ith tionóil, bhí rang mata againn. Bhí sos ann ar 9.55 agus d'ith

Téasc na héisteachta: Aonad 2

mé brioscáin phrátaí. Ag am lóin bhí cluiche peile againn sa pháirc peile agus ar 1.30 bhí rang eolaíochta againn. Chuaigh mé chuig an club ríomhaireachta i ndiaidh na scoile.

4. Cluineann tú an comhrá seo i mbialann. Éist leis agus ansin freagair na ceisteanna i do leabhar.

You hear this conversation in a restaurant. Listen to the recording and then select the correct answer from the options given.

"Dia duit. An dtig liom ordú a ghlacadh?"
"Dia is Muire duit. Ba mhaith liom cupán caife agus ceapairí, le do thoil. Cén sórt ceapairí atá agat?"
"Tá ceapairí cáise, ceapairí sailéid agus ceapairí sicín."
"Tabhair dom ceapaire sailéid, le do thoil, agus beidh borgaire agus sceallóga ag mo mhac Éamann. Agus gloine oráiste chomh maith."

5. Éist le hÁine ag cur síos ar an Satharn agus cuir tic leis na ráitis atá fíor agus X leis na cinn nach bhfuil.

Listen to Áine and then tick statements that are true and X those that are untrue.

"Thaitin an Satharn liom níos mó ná lá ar bith den tseachtain seo caite. Ar maidin d'amharc mé ar an teilifís, ansin ghlan mé an chistin agus mo sheomra féin. Ar 2.30 chuaigh mé ag siopadóireacht le mo chairde. D'ith muid dinnéar i lár an bhaile agus ansin chuaigh muid chuig an phictiúrlann. Tháinig mé abhaile ar 10.15, d'éist mé le ceol agus chuaigh mé a luí ar 11.00."

Téacs na hÉisteachta: Aonad 3

1. Éist le Nollaig ag cur síos air féin agus ansin cuir tic leis na ráitis atá fíor agus X leis na cinn nach bhfuil.

"Is mise Nollaig de Brún. Tá mé cúig bliana déag d'aois agus tá mé i mo chónaí in Inis Ceithleann i gContae Fhear Manach. Tá mé sa cheathrú bliain ar Choláiste Mhichíl. Tá beirt dheirfiúracha agus deartháir amháin agam. Una atá ar mo mhamaí agus is rúnaí í. Éamann atá ar mo dhaidí agus is tógálaí é. Is maith liom ficheall, iascaireacht agus peil Mheiriceánach. Is fuath liom obair scoile."

2. Éist le Brian ag cur síos air féin agus ansin líon na bearnaí/ roghnaigh an freagra ceart sna habairtí i do leabhair.

"Is mise Brian Ó Murchú. Is fiaclóir mé. Tá mé i mo chónaí i bPort an Phéire i gContae an Dúin. Tá mé seacht mbliana is fiche d'aois. Tá mé ard agus tá mo shúile donn agus tá mo chuid gruaige rua. Is maith liom peil, iomanaíocht agus scuais. Is fuath liom an teilifís. Tá mé pósta ar Rita agus as Contae Thír Eoghain di."

3. Éist le hÚna ag cur síos uirthi féin agus ansin líon isteach na bearnaí sna habairtí i do leabhar.

"Is mise Úna Ní Bhaoill. As Léim an Mhadaidh, Contae Dhoire mé. Rugadh mé ar 3 Iúil agus beidh mé daichead bliain i mbliana. Tá mé ag obair mar bhanaltra san otharlann i nDoire agus bím ag obair san oíche. Tá beirt mhac agam, tá duine acu, Séamas dhá bhliain déag d'aois agus tá an duine eile, Liam ocht mbliana déag d'aois. Is maith liom cócaireacht agus ceol ach is fuath liom snúcar ar an teilifís."

Téacs na hÉisteachta: Aonad 3

Ceist 4: Cuireann bean síos ar robalaí tí. A woman describes a burglar. Éist léi agus agus ansin freagair na ceisteanna/roghnaigh an freagra ceart i do leabhar.

"Bhí sé iontach ard agus tanaí. Bhí a chuid gruaige fada agus liath. Bhí sé idir tríocha agus cúig bliana is tríocha d'aois. Bhí cóta mór gorm air agus bhí spéaclaí dubha air. Bhí veain ghlas taobh amuigh den teach agus bhí beirt eile ag fanacht istigh sa veain. D'imigh siad leo nuair a bhuail aláram an tí.

5. Cluineann tú na tuismeánna seo ar an raidió maidin amháin. You hear these horoscopes on the radio. Éist leo agus ansin freagair na ceisteanna i do leabhar/líon isteach na bearnaí.

A. An Scairp : Is duine cainteach, cairdiúil thú. Bíonn tú i gcónaí ag gáire agus is maith leat gach cineál spórt. Bí cúramach le do chuid arigid ag deireadh na seachtaine agus éist le cara atá i dtrioblóid Dé Luain.

B. An Leon : Is duine tú a bhíonn i gcónaí ag cuidiú le daoine eile- is fuath leat obair scoile agus obair tí.
Tá tú fial, néata agus cliste. Beidh litir agus airgead ag teacht Dé hAoine.
Bí in am don chluiche mór Dé Domhnaigh.
Uimhir shona:12 Dath sona: buí.

Téacs na hEisteachta: Aonad 4

1. Scairteann bean ar an ollmhargadh agus fágann sí ordú. Éist léi agus ansin freagair na ceisteanna/ roghnaigh an freagra ceart i do leabhar.

Haló, seo Nóra Bean Uí Bhaoill. Seo liosta de na hearraí atá de dhíth orm an tseachtain seo. Ba mhaith liom mála mór prátaí, uibheacha, sicín mór rósta, agus dhá bhuidéal móra liomanáide. Tá cúpla builín aráin de dhíth orm fosta - tabhair dom builín arán donn , le do thoil. Tá mé tinn agus ní thig liom dul amach. Ba mhaith liom na rudaí seo uilig amárach, an Satharn, más féidir, le do thoil.

2. Labhraíonn a mhamaí le Séan maidin amháin sa chistin. Éist léi agus ansin agus ansin freagair na ceisteanna/roghnaigh an freagra ceart i do leabhar.

"A Sheáin, tá mé ag imeacht anois chuig na siopaí. Tá feoil, prátaí, arán agus glasraí de dhíth orm. Beidh fear an bhainne anseo am éigin I ndiaidh a deich. Faigh dhá bhuidéal bainne agus cartún uachtair uaidh chomh maith. Tá nóta £10 ar an tábla sa halla. Beidh £8.50 nó mar sin ar an bhille. Ná déan dearmad an t-airgead a thabhart dó. Beidh mé ar ais roimh a haon".

"Maith go leor, a mhamaí'.

3. Cluineann tú cnag ar an doras go luath ar maidin. You hear a knock at the door and overhear a conversation. Éist leis an chomhrá agus ansin freagair na ceisteanna/ roghnaigh an freagra ceart i do leabhar.

"Dia duit. Is mise fear an phoist. Tá cúpla litir agam anseo do do mháthair, Úna Bean Uí Néill agus cárta poist ó Mheiriceá. Tá beart mór anseo fosta do Bhrian O Néill; sílim go bhfuil a bhreithlá ann inniu mar tá trí chárta breithlae ann chomh maith. An dtig leat síniú don bheart, le do thoil?

Téacs na hEisteachta: Aonad 4

4. Is tiománaí tacsaí d'athair agus tagann scairt gutháin chuig an teach maidin amháin. Someone phones for a taxi one morning. Listen to the recording and then underline the three statements in your book which are true.

"Haló, seo Séamas Mac Mathúna , Uimhir 21, Sráid an Rí, Béal Feirste. Ba mhaith liom tacsaí le dul chuig Otharlann na Cathrach maidin inniu. Tá mé le bheith ann ar a haon déag agus ba mhaith liom tacsaí ar ais ar leath i ndiaidh a dó. Beidh mé ag fanacht ag an gheata ar 10.30.

5. Cluineann tú an comhrá seo i mbialann. Éist leis agus ansin freagair na ceisteanna/roghnaigh an freagra ceart i do leabhar.

Dia daoibh. An dtig liom cuidiú libh?

" Dia is Muire duit. Ba mhaith liom an biachlár a fheiceáil, le do thoil".

"Seo daoibh. Tá pláta speisialta ann inniu don lón - sicín agus sceallóga ar £3.25 agus tá sú trátaí agus sú glasraí ar fáil ar £1.75. Níl iasc nó ceapairí ar bith fágtha".

"Tabhair dom sú glasraí, turcaí, prátaí rósta agus glasraí agus gloine bainne le do thoil".

"Beidh borgaire cáise , sceallóga agus canna coke agamsa.

"Maith go leor, beidh sin réidh i gceann fiche bomaite".

Téacs na hEisteachta: Aonad 4

6. Cluineann tú na fógraí seo a leanas ar an raidió.
Éist leo agus ansin freagair na ceisteanna i do leabhar.
You hear these announcements on the radio.
Listen and then answer the questions in your book.

A. "Tá an bóthar idir an Baile Meánach agus an Baile Monaidh dúnta inniu. Tharla taisme go mall aréir agus tú triúr go dona tinn san otharlann gasúr agus a mháthair agus tiománaí an leoraí, fear as Doire. Bhí sé ag cur fearthainne agus bhí ceo ann nuair a tharla an taisme".

B. "Beidh leabharlann na cathrach oscailte go mall tráthnóna Dé Máirt agus tráthnóna Déardaoin go dtí 8.30. Beidh sí oscailte Dé Sathairn go dtí 12.45 ach beidh sí dúnta Dé Domhnaigh agus Dé Luain."

C. "Tá tiománaithe na dtraenacha le bheith ar stailc Dé Máirt agus ní bheidh seirbhís thraenach ar bith idir Béal Feirste agus Cúil Raithin an lá sin. Ní bheidh traein 8.00 go Baile Átha Cliath ann ach beidh traein ann ar 11.00 agus arís ar 3.30. Más mian leat tuilleadh eolais cuir scairt ar Bhéal Feirste 90 324609".

Téacs na hEisteachta: Aonad 5

1. Tugann an múinteoir orduithe don rang. Éist agus ansin ceangail ainm an scoláire leis an léaráid chuí i do leabhar.

Listen to the recording and link the correct name to the matching illustration.

A. A Sheáin, éirigh agus las an solas, le do thoil.
B. A Phóil, tiontaigh thart agus ná bí ag caint.
C. A Úna, taispeáin dom do leabhar nótaí, le do thoil.
D. A Pheadair, tóg an píosa páipéir agus cuir sa bhosca bruscair é
E. A Eibhlín, gabh go dtí Oifig an Rúnaí agus tabhair an nóta seo di.

2. Labhraíonn beirt chara faoina gclár ama. Éist leis an chomhrá agus ansin roghnaigh an freagra cuí i do leabhar.

"Cén lá den tseachtain is fearr leat, a Nóirín?"
"Is fearr liom an Mháirt mar bíonn Mata, Gaeilge agus Corpoiliúint againn. Cén lá is fearr leat féin, a Bhriain?"
"Bhuel, ní miste liom an Luan, ach is fearr liom an Déardaoin mar ní bhíonn Fraincis, Stair nó Mata againn agus is fuath liom na hábhair sin."

3. Labhraíonn cara leat faoina scoil úr. Éist leis an chomhrá agus cuir tic le 4 ráiteas atá fíor i do leabhar.

"Ardscoil atá inti agus tá sí suite taobh amuigh de Bhaile Átha Cliath. Tá mé sa chéad bhliain agus tá ceithre ghasúr is fiche i mo rang. Bíonn ocht rang againn gach lá agus críochnaíonn an scoil ar 3.50. Is maith liom Eolaíocht, Stair agus Béarla ach is fuath liom Tíreolaíocht agus Teicneolaíocht."

Téacs na hEisteachta: Aonad 5

4. Éist leis na teachtaireachtaí seo a leanas agus scríobh an t-am ceart 1-5 leis an imeacht a luaitear. Tá sampla déanta duit.

Listen to the recording and write the time you hear beside the matching image in your book.

"Caithfidh rang 2E dul chuig seomra an cheoil ar maidin ar 11.05. Tá an múinteoir ceoil ag iarraidh labhairt leo."

"Beidh cluiche peile ann idir rang 2c agus rang 3A i gclós na scoile inniu ar 3.45."

"Tá rang 1A le dul chuig an leabharlann inniu ar 2.05. Níl an múinteoir Teicneolaíochta istigh."

"Beidh cruinniú den chlub ealaíne ann amárach, Dé Chéadaoin, ag am dinnéir. Bí sa Halla Mór ar 12.45 má tá tú sa chlub".

"Ní bheidh banc na scoile oscailte ag am lóin inniu ach beidh sé oscailte amárach i ndiaidh na scoile ar 3.20."

5. Cluineann tú an comhrá seo agus tú in Oifig an Rúnaí. Éist leis agus ansin freagair na ceisteanna/nó líon na bearnaí i do leabhar.

"Dia duit, a dhuine uasail, an dtig liom cuidiú leat?"
"Dia is Muire duit. Is mise Éamann Mac Suibhne, cigire le Béarla. Ba mhaith liom an tUasal Ó Néill a fheiceáil, más féidir."
"Cinnte a dhuine uasail. Tá sé ag teagasc Rang a trí san am i láthair i seomra an Bhéarla. Gabh suas an staighre chuig an chéad urlár, tiontaigh ar dheis agus an tríú doras ar chlé sin seomra an Bhéarla."

Téacs na héisteachta : Aonad 6

1. Cuireann do chara síos ar a teach úr. Éist léi agus ansin roghnaigh an freagra ceart / freagair na ceisteanna i do leabhar.

" Teach aonair atá ann agus é suite trí mhíle ó lár Bhaile Atha Cliath. Bhog muid isteach ann ceithre bliana ó shin. Tá cúig sheomra leapa ann agus gairdín mór ar chúl an tí."

2. Éisteann tú le do mháthair ag cur síos ar sheomra i dteach comharsan. Éist léi agus ansin líon isteach na bearnaí sna freagraí/roghnaigh an freagra cuí i do leabhar.

Your mother describes a neighbour's room. Listen and select the correct options below.

"Bhí an seomra suí galánta. Bhí sé iontach mór, compordach. Bhí an tolg liath agus bhí na cuirtíní bándearg. Bhí lampa mór ar thábla beag in aice leis an teilifíseán agus bhí dhá chathaoir uilleach ag an fhuinneog."

3. Cuireann Orla síos ar a teach. Éist léi agus ansin líon isteach na bearnaí sna freagraí/roghnaigh an freagra ceart i do leabhar.

"Dia daoibh, is mise Orla agus tá mé i mo chónaí i nDún Geanainn. Tá árasán agam ar urlár a deich. Tá dhá sheomra leapa , cistin, seomra folctha agus seomra suí ann. Ní maith liom é mar níl gairdín ar bith agam. Tá sé iontach beag agus ní maith liom an ceantar."

Téacs na hEisteachta: Aonad 6

4. Cluineann tú na fógraí seo ar an raidió. Éist leo agus ansin cuir líne faoi na ráitis atá fíor.

Underline the statements in your book which are true.

"Tá na hearraí seo a leanas ar díol;
meaisínníocháin liath de dhéantús Zanussi: £225
tábla cistine agus ceithre chathaoir – sé mhí d'aois: £160
cithfholcadh bán agus gorm; £550
dhá leaba singilte do pháistí £ 120 an ceann nó £200 don bheirt acu.
Má tá suim agat sna hearraí seo cuir glaoch ar Dhún Phádraig 32146 lá ar bith i ndiaidh a cúig.

5. Scairteann do chol ceathrair atá ar laethanta saoire faoin tuath. Éist agus ansin freagair, as Gaeilge, na ceisteanna i do leabhar.

"Haló, a Una. Seo Áine. Tá mé ag scairteadh ó chontae Fhear Mánach".

"A Áine, cad é mar atá tú? Cá bhfuil tú ag stopadh?

"Tá mé ag stopadh le hUncail Séamas agus Aintín Nóra. Tá teach feirme acu taobh amuigh d' Inis Ceithleann. Tá an teach breá mór agus tá an seomra leapa s'agamsa galánta. Tá an fheirm iontach mór agus bím ag cuidiú le hUncail Séamas ag tabhairt bia do na hainmhithe. Tá ba, caoirigh, muca agus cearca aige. Tá abhainn, coill agus sliabh ard le feiceáil ón teach. Chífidh mé thú ag deireadh na seachtaine, a Úna".

Téacs na hÉisteachta: Aonad 7

1. Cluineann tú an fógra seo ar an raidió. Éist leis agus ansin freagair na ceisteanna/roghnaigh an freagra ceart i do leabhar.

"Beidh coirmcheoil le Red Hot Chilli Peppers agus Busted in amharclann an Phointe, Baile Átha Cliath Dé Sathairn 16 Iúil ar 2.30 agus arís ar 7.45. Beidh £27.50 ar na ticéid agus beidh siad ar díol ar an idirlíon agus i siopaí de chuid Virgin Megastore i mBéal Feirste ón Luan seo chugainn 5 Aibreán".

2. Éist leis na cairde seo ag plé cluiche agus ansin freagair na ceisteanna/roghnaigh an freagra cuí i do leabhar.

"Bhuel, a Úna, cad e mar a bhí an cluiche camógaíochta?"
"Ó, bhí sé iontach maith. Bhí Ard Mhacha an-láidir ar dtús ach bhain Aontroim sa deireadh. Beidh an chéad chluiche eile ann idir Corcaigh agus Aontroim coicís ón lá inniu".

3. Cluineann tú an fógra seo agus tú sa tsólann. Éist agus ansin scríobh F (fíor) nó B (bréagach) taobh le gach ráiteas i do leabhar.

"Tá comórtais spóirt le bheith ann tráthnóna Dé hAoine do pháistí scoile. Beidh comórtas snámha ann do bhuachaillí idir deich mbliana agus dhá bhliain déag agus beidh leadóg thábla agus haca taobh amuigh do chailíní faoi chúig bliana déag. Má tá suim agat sna comórtais seo fág d'ainm ag deasc an eolais roimh a haon déag maidin Dé Céadaoin."

Téacs na hÉisteachta: Aonad 7

4. Pléann Pól agus cara nua caitheamh aimsire. Éist leo agus ansin líon isteach na bearnaí ón liosta ag bun an leathanaigh i do leabhar. Fill in the gaps by selecting the appropraite word from the list at the bottom of your page.

"Cén caitheamh aimsire is fearr leat a Phóil?"
"Imrím peil sa tsólann gach Domhnach ach is fearr liom snúcar. Imrím gach oíche Luain i gclub na n-óg agus cheannaigh m'athair tábla mór snúcair dom ag an Nollaig. Téim ag snámh Dé Sathairn le mo dhéarthair óg Séamas atá ag traenáil do chomórtas mór a bheidh i mBaile Atha Cliath i Mí Iúil. Is maith liom iascaireacht chomh maith agus téim go Tír Chonaill go minic ag iascaireacht le m'athair ag deireadh na seachtaine."

5. Pléann beirt charad an deireadh seachtaine agus iad ar a mbealach chun na scoile Dé Luain. Éist leo agus ansin cuir líne faoi na ráitis i do leabhar atá fíor. Listen and then underline the statements that are true in your book.

"Cad e rinne tú ag deireadh na seachtaine, a Áine?"
"Bhuel, oíche Dé hAoine chuaigh mé chuig an phictiúrlann agus chonaic mé an scannán is úire de chuid Harry Potter. Dé Sathairn, d'imir mé cluiche líonpheile agus cheannaigh mé péire bríste i lár na cathrach. Dé Domhnaigh, thug muid cuairt ar m'aintín atá ina cónaí i nDún Phádraig agus oíche Dé Domhnaigh chuaigh mé chuig dioscó san óstán i lár an bhaile mhóir".

Le caoinchead an 'Irish News'